できたよ ★ シート

べんきょうが おわった ページの ばんごうに
「できたよシール」を はろう!

スタート

がんばるぞ!

| 1 | 2 | 3 | 4 |

かくにんテスト
| 9 | 8 | 7 | 6 | 5 |

その ちょうし!

| 10 | 11 | 12 | 13 | 14 |
かくにんテスト

はんぶんを
すぎたよ!

| 19 | 18 | 17 | 16 | 15 |

| 20 | 21 | 22 | 23 | 24 | 25 |
　　かくにんテスト

あと ちょっと!

| 30 | 29 | 28 | 27 | 26 |
　　　　　かくにんテスト

| 31 | 32 | 33 | 34 | 35 |
　　　　かくにんテスト　まとめテスト　まとめテスト

ゴール

まとめテスト　まとめテスト
| 37 |

JN040247

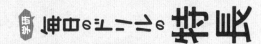
学研の毎日のドリルの　特長

やりきれるから自信がつく！

> ## 1日1枚の勉強で、学習習慣が定着！

◎目標時間に合わせ、無理のない量の問題数で構成されているので、「1日1枚」やりきることができます。

◎解説が丁寧なので、まだ学校で習っていない内容でも勉強を進めることができます。

> ## すべての学習の土台となる「基礎力」が身につく！

◎スモールステップで構成され、1冊の中でも繰り返し練習していくので、確実に「基礎力」を身につけることができます。「基礎」が身につくことで、発展的な内容に進むことができるのです。

◎教科書の学習ポイントをおさえられ、言葉の力や表現力も身につけられます。

> ## 勉強管理アプリの活用で、楽しく勉強できる！

◎設定した勉強時間にアラームが鳴るので、学習習慣がしっかりと身につきます。

◎時間や点数などを登録していくと、成績がグラフ化されたり、賞状をもらえたりするので、達成感を得られます。

◎勉強をがんばると、キャラクターとコミュニケーションを取ることができるので、日々のモチベーションが上がります。

使い方

① 1日1枚、集中して解きましょう。

◎ 1回分は、1枚（表と裏）です。

◎ 目標時間を意識して使いましょう。

・アプリのストップウォッチなどで、目標時間を意識して解きましょう。

・「かくにんテスト」には、1回分の内容が身についたか確認しましょう。

・「まとめテスト」は、最後に3回分の本の内容を総復習しましょう。

書く力
文章で書く力がつくと、表現力をみがく問題に役立ちます。

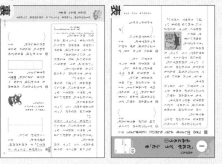

表　裏　目標時間

② 答え合わせをしましょう。

・本の最後に「答えとアドバイス」があります。

・答え合わせをして、点数をつけましょう。

③ 「できたよチェック」に、「できたよシール」をはりましょう。

・勉強した回の番号のシールを、好きなページにはりましょう。

④ アプリに得点を登録しましょう。

・アプリに得点を登録すると、キャラクターが育ちます。勉強すると、ログインボーナスなどで成績が変化します。

アプリでは、かんたんにまとめ直しができます。問題を解いて、答えを...

♪ 毎日のドリル ♪ 勉強管理アプリ

「毎日のドリル」シリーズ専用、スマートフォン・タブレットで使える無料アプリです。1つのアプリでシリーズすべてを管理でき、学習習慣が楽しく身につきます。

1 「毎日のドリル」の学習を徹底サポート！

- 毎日の勉強タイムをお知らせする「タイマー」
- かかった時間を計る「ストップウォッチ」
- 勉強した日を記録する「カレンダー」
- 入力した得点を「グラフ化」

目標時間を意識しよう！

2 キャラクターと楽しく学べる！

好きなキャラクターを選ぶことができます。勉強をがんばるとキャラクターが育ち、「ひみつ」や「ワザ」が増えます。

3 1冊終わると、ごほうびがもらえる！

ドリルが1冊終わるごとに、賞状やメダル、称号がもらえます。

これは やるきが でるゾゥ！

4 漢字と英単語のゲームにチャレンジ！

ゲームで、どこでも手軽に、楽しく勉強できます。漢字は学年別、英単語はレベル別に構成されており、ドリルで勉強した内容の確認にもなります。

自己ベスト更新を目指そう！

漢字のよみがなを当てよう

単語のいみを当てよう

アプリの無料ダウンロードはこちらから！

https://gakken-ep.jp/extra/maidori/

【推奨環境】
■各種Android端末：対応OS Android6.0以上
■各種iOS(iPadOS)端末：対応OS iOS10以上

※対応OSであってもIntel CPU（x86 Atom）搭載の端末では正しく動作しない場合があります。
※対応OS や対応機種については、各ストアでご確認ください。
※お客様のネット環境およびご利用端末によりアプリのご利用できない場合があります。
また、事前の予告なく、サービスの提供を中止する場合があります。ご理解、ご了承いただきますよう、お願いいたします。

「だれが　どうした」を　よみとろう①

■ つぎの　文しょうを　よんで、もんだいに　こたえましょう。〔100てん〕

とうぶつえんの　いりぐちに、おおきな　きりかぶが　ひとつ　ありました。

この　きりかぶは、もともと　とても　おおきな　木だったのです。

でも、きょねんの　ふゆに、どうぶつえんが　それを　きることに　して　しまったのです。

そして、きった　あとに　なって、どうぶつえんの　人たちは　なんども　きりかぶの　ところへ　いって、見たのでした。

はるには　さびしくて　ならなかったので、みんなで　いいました。

「きりかぶさん　おねがいします。はやく　おおきく　なって　ものの　なかまれいな　はなを　いっぱい　さかせて　ください」

① とうぶつえんの　いりぐちには、なにが　ありましたか。
（10てん）

（　　　　　　　　　　）

② きょねんの　ふゆに、どうぶつえんの　人たちは　どんな　ことを　しましたか。一つ　えらんで、○で　かこみましょう。（10てん）

ア　きりかぶの　上に　ゆきだるまを　おいた。

イ　おおきな　木の　下で　ゆきがっせんを　した。

ウ　おおきな　木を　きって　きりかぶに　した。

③ はるに　なった　とき、どうぶつえんの　人たちは　なぜ　さびしかったのですか。（20てん）

・いままでのように

（　　　　　　　　　　）が

さかなかったから。

＊もんだいは　うらに　つづきます。

5

クイズ

① みず　② なつ　③ あき

つぎのかん字を、「いち」と「いつ」と、どちらにのばす、いうかな？

〈上正い〉こと
（かん・かおきを「ねこのおめのなかよ」）

なつがおわって、あきになりました。

たぬきは木のみかわを、たべてくらしていました。
「たべものが、なくなってきた。たべものは、いっぱいあるんだろう。」

たぬきは、かんがえました。
「そうだ、木のみを、ためておこう。」

たぬきは、木のみを、たくさんあつめて、いえのなかに、はこびました。

たぬきは、まいにち、木のみを、たべてくらしていました。

さむいふゆが、きました。

④ 書く力

「いけ」と「いけ」を、
たべものは、くつ
なぜですか。（20てん）

[　　　　　]

また、「こん。」と
なきました。「こん。」と
なきました。

⑤ ぶんしょうの、たぬきは、どんなたべものを、
四字でかきましょう。（20てん）

| | | | |

⑥ たぬきは、みなにたべものを、
わかりましたか。（20てん）

（　　　　　）

■ つぎの 文しょうを よんで、もんだいに こたえましょう。 [100てん]

ぶゆが きたのです。
はだかの きりかぶに ゆきが
つもって、のねずみが かれくたを 一ぽん
ほんに かぶせました。それを み
て、りすも きて、きりかぶに かぶせま
した。それを また うさぎが もっ
て きて かぶせました。
しまいには、むらじゅうの ど
うぶつたちが めいめい
もてるだけの かれくたを もっ
て きて、きりかぶの うえに
かぶせました。
そして かれくたの ぶとん
で、もりかぶが
みで しんんして
かえって いきました。

① はだかの きりかぶを み
て、どうぶつたちは、どう
おもいましたか。 (10てん)
● ゆきが ふりかかって
（　　　　　　　　　　）
いたそうだ。

② きりかぶに かれくたを
かぶせた じゅんに、（　　）
に ばんごうを かきましょう。
1つ5てん(20てん)
ア（　）りす
イ（　）むらじゅうの ど
　　　　うぶつたち
ウ（　）のねずみ
エ（　）うさぎ

③ かれくたに かくれた き
りかぶを みて どうぶつたち
は どう しましたか。 (20てん)

[　　　　　　　　　　　　　　]

＊もんだいは うらに つづきます。

7

クイズ

ペンギンは ちきゅうで いちばん おおきい とりに なった どうして かな？

① きいろ　② おれんじ　③ こい

（童話）ごみ
「おこりんぼうのおにさん」より・さく

くんち
よんたちは 「ごめん」と
みんなへ いって
あやまりました。

「ごめん、ごめん、ごめん」

「……」だれかが いいました。
ちきゅうは ねむりました。
ちきゅうは ねむりました。

なんだか、あたたかい きもちに いきます。

ちきゅうは ねむりました。
おなかが おおきく いきを して
ちきゅうは ねむります。

なんだか、あたたかい きもちに いきます。

――ある ひ、にんげんが
えんとつから けむりを
どんどん だして、あたり
いちめんが まっくろに
なりました。

●書く力

④ ちきゅうは
あたたかい きもちに
なって、どうしたのか。
(20てん)

(　　　　　　　)

⑤ にんげんは どんな
ことを して
ちきゅうを よごして
しまったのか。
(10てん)

(　　　　　　　)
　こと。

●書く力

⑥ にんげんは
ちきゅうに むかって、
なんと いったか。
(20てん)

- - - - - - - - - - - - - -

ちきゅうは
ねむりました。

8

■ つぎの 文しょうを よんで、もんだいに こたえましょう。〔100てん〕

あさ、おきたら、「ぼく」には、りすみたいな 大きな しっぽが はえて いた。「ぼく」は、おかあさんに そうだんする ことに しました。ぼくを 見せました。

「え？」「ぼく？」「どれ？」

「これ。」

ぼくは、まわれ右を して せなかを むけた。

おかあさんは、ちょっとの あいだ なにも いわなかった。

それから、ぼくの せなかを いきおいよく ぽーんと たたいた。

「なに ねぼけてるの。かお あらって らっしゃい。」

（りす）

かおを あらってから、もう いちど こっそり うしろを 見る。やっぱり、あるんだ。ゆめなんかじゃ ない。

どうやら、この しっぽ、ぼくには ちゃんと 見えるけど、おかあさんには 見えないらしい。

① 「ぼく」が まわれ右を して おかあさんに せなかを むけたのは なにを するためですか。(10てん)

●（　　　　　　　　　）を

見せる ため。

② 「ぼく」が せなかを むけた とき、おかあさんは どう しましたか。1つ5てん(20てん)

●ちょっとの あいだ だまって から、ぼくの

（　　　　　　　　　）を

いきおいよく ぽーんと

（　　　　　　　　　）。

③ おかあさんが 「なに ねぼけてるの。」と いたのは、なぜですか。(20てん)

●おかあさんには

（　　　　　　　　）

から。

＊もんだいは うらに つづきます。

6

①先生の「ほへ」の
②おかあさんが見たの、
おかあさんが見たのは、だ
③あすかちゃんは、だ
？おちゃかな？

（ガギ文字〈ほし〉「ほし」（学習研究社）より）

みたいすれそうだん。「…。」
目をひそめて、名まえを
かんがえないと。

けたえるあいだ、「ほへし」らいよ
ほしてになんて「。」
はえのしてしいな
はえのしてしいな

それぶたんは。「…。」
てせた、おまた
かんがえながら、ほへしらいよ
はえのとてしいな

んにはみえてきた
「？」
んとにきえつたし
はえのとてし「。」
（へん）

にはみえてきた
「。」
やっとへんしらいの
んんへんしらいだよ
あるじ

それすかおしろこたえ
んへんへんしらいの
はみるともへんしらいの
？
にはみえてきたし
「！」

[学校
ほへはどりほはどっ
にはへはどりあかだたいつ
て、]

---

⑥
「ほへし」が
すが、
いっしょに気ぶんある
（15てん）

よかちょうと「ほへ」
すかちまは３つみ。
いたのは、

[------------------------- ●
しています。]
（25てん）

⑤ 聞く力

アほしが
ほしがあすみえての
はしえんらしを
いますか。
イほがあすかじんらで、
見えてんらしも
うのようにあらわして
いますか。
どのほうに○でつき
ましますか。
（10てん）

④
「ほへし」が、
すかしえのはと、
みえてのはどっ○でつきますか、と
いいますか。
（10てん）

10

4 「だれが どう した」を よみとろう④

■ つぎの 文しょうを よんで、もんだいに こたえましょう。〔100てん〕

〔「ぼく」は もりで、こうくいくんと はじめて けんかした ことを おもいだして、てがみうけに はりました。〕

すぐに、まどがわの こせきを見る。こうくいくんは、もう 先に きて じぶんの せきに すわって いた。

「ぷぷぷぷ……。」

ぼくは、おもわず ふきだしてしまった。

だって……。

こうくいくんの まるい あたまに、うさぎの 白く ながい 耳が ふたつ、ぴょこんと はえてるんだもの。

こうくいくんが ふりむいて じろっと こっちを にらんだ。

「なんだよう。わらうなよう。」

うさぎの 耳が [　　] と かわいく ゆれた。

① こうくいくんの せきは、どこですか。一つ5てん(20てん)

● （　　　　　　　）の

　（　　　　　　　）。

② 「ぼく」が こうくいくんを 見て ふきだしたのは、なぜですか。(20てん)

● こうくいくんの あたまに

〔_____〕

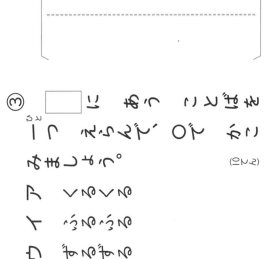

③ [　　] に あう ことばを 一つ えらんで、○で かこみましょう。(10てん)

ア くるくる
イ ぷるぷる
ウ ずるずる

＊もんだいは うらに つづきます。

11

クイズ

①いぬくんの　耳は　いちばん　はじめに、　あったのは、　いったい　だれの　耳だったかな？
②いぬくんの　耳は　いちばん　はじめに、　どんな　耳だったかな？
③かるい　耳って、　どんな　耳だったかな？

（もとの文「いぬの『ぼうし』」〈学習研究社〉より）

えがみると、いぬくんの　耳が、

「ああ。」

と　こえを　だして、とんで　いって　しまいました。

いぬくんは、とんで　いった　耳を　おいかけました。けれども、耳は　どんどん　とおくへ　とんで　いって　しまいました。

いぬくんは、ちいさく　なって　いく　耳を　いつまでも　みていました。

「ぼく　の　耳が、とんで　いっちゃった。」

と　いぬくんは、かなしそうに　いいました。

「ぼくの　耳は、どこへ　いって　しまったんだろう。」

いぬくんは、ずっと　とおくまで　みていました。

「ああ。」と　こえを　だして、いぬくんの　耳は、「－。」
「－。」と　いいながら、とんで　いって　しまいました。

④「ぼうし」の　ぼうしは、なぜ　とびだして、いったのかを、わかりやすく　せつめいして　かきましょう。（20てん）

◆書く力
⑤「ぼうし」の　ぼうしは、なぜ　とびだして　いったのですか。（20てん）

⑥「ぼうし」の　ぼうしは、どんな　ことを　いって　とんで　いきましたか。（10てん）
（　　　　　　　　　）が。

5 「だれが どう した」を よみとろう⑤

■ つぎの 文しょうを よんで、もんだいに こたえましょう。〔100てん〕

のんびり森の どうぶつたちは のんびりやさんばかり。なかでも 赤い ぞうさんは、いちばんの のんびりやさんでした。

ある日、ぞうさんの ところに 見た ことの ない うさぎさんが やって きました。
「はじめまして こんにちは。きょう この 森に ひっこして きました。よろしく。」
うさぎさんは、いそがしそうに ぴょんぴょん はねて、
「では、はがきを 四まい わたしの です。
「ゆうびんやさん、これを、いそいで 森の みんなに はいたつして ください。」

① のんびり森の どうぶつの なかで いちばん のんびり やさんなのは、だれですか。(10てん)

（　　　　　　　）

② うさぎさんは、だれに なにを わたしましたか。1つ10てん(20てん)

・（　　　　　　　）に
　（　　　　　　　）を
四まい わたした。

③ うさぎさんは、わたした ものを どう して ほしい とたのみましたか。(20てん)

・はがきを、いそいで 森の みんなに
（　　　　　　　）
ほしいと たのんだ。

＊もんだいは うらに つづきます。

13

① はがきを
② じぶんで
③ おへんじを

じぶんで おへんじを だして いるのかな？

（三木卓「ぞうのこ様のおへんじ」〈東京書籍〉より）

ました。
ぞうさんの ところへ、てがみが きました。
「いいな。」
のぞうさんは、おへんじの てがみを かいて もらって、うれしそうに、いえへ かえって いきました。

ぞうさんは、おへんじが ほしくて たまりません。ぞうさんは、じぶんで じぶんに、おへんじを かいて、だして みました。

「おへんじが きた。」

ぞうさんは、ゆうびんうけから でて きた はがきを みて、うれしそうに いいました。

でも、その気もちは すぐに きえて しまいました。じぶんで かいた はがきなのが、わかって しまったからです。

【書く力】

⑥ ──の「その気もち」とは、どんなきもちでしたか。○で、かこみましょう。（10てん）

［　　　　　　　　　　　］

⑤ ぞうさんは、どうして、すぐに きえて しまったのですか。（20てん）

（　　　　　　　　　　　　　　　）から。

・だれの はがきですか。

④ ぞうさんが、「おへんじが きた。」と、うれしそうに いったのは、だれの はがきを みたからですか。（20てん）

14

⑥ 「だれが どう した」を よみとろう⑥

■ つぎの 文しょうを よんで、もんだいに こたえましょう。〔100てん〕

（四月ごろの はがきを 森の みんなに はいたつして ほしいと、ぞうさんは うさぎさんから たのまれました。）

「あした ひつじの おいわい か。たのしいぞ。」

ぞうさんは、はがきを なんども よみました。気が ついて と、森は すっかり よるでした。

そこで、つぎの 日の あさ、ぞうさんは はいたつに 出かけました。

でも、のんびり 森を のんびり あるきましたから、かばさんの うちに ついた ときは、もう よるでした。

---

① ぞうさんが つぎの 日に した ことを まとめましょう。

1つ15てん(30てん)

あさ	ア（　　　　　　　）に 出かけた。
よる	イ（　　　　　　　）に ついた。

② はいたつが よるに なったのは、なぜですか。一つ えらんで、〇で かこみましょう。

(10てん)

ア かばさんの うちが わからなかったから。

イ はいたつに 出かけたのが よるだったから。

ウ のんびり 森を のんびり あるいたから。

＊もんだいは うらに つづきます。

15

クイズ

一 さかあがりを した のは、①ぎゃおっ ②きゃねっ ③がおん と いったのは、だれかな？

（出典）光村図書「たぬきの糸車」より

たいぼうは、ひとりで たいそうを して いました。

でも たいぼうは、ぎゃおっと いいました。

みんなが、「たいぼう、たいそう、すてきだね。」と いいました。

たいぼうは、とても うれしくて、のどを ならしました。

「わたしなんか、いちにち じゅう いっしょうけんめい たいそうを して いるのに、だれも 気が つかない。」

④ 書く力

たいぼうが たいそうを して いたのは、なぜですか。

_____

（20てん）

⑤ 森の どうぶつたちが、たいぼうの たいそうを ほめたのは、なぜですか。

（ ）から。
（ ）を、（20てん）

③ たいぼうが のどを ならしたのは、なぜですか。

（ ）

（20てん）

16

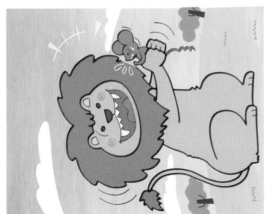

7 かくにんテスト①

■ つぎの 文しょうを よんで、もんだいに こたえましょう。[100てん]

　ライオンは、ひるねを して いました。そこへ ねずみが かけてきて、ライオンの からだの 上を とおりまわりました。

「なんだ。うるさいな。」
　目を さました ライオンは、ねずみを つかまえて、ぱくっと たべようと しました。

　すると ねずみは いいました。
「どうか たすけて ください。あとで、きっと おんがえし*を しますから。」
「ちっぽけな ねずみが、この わたしに どう やって おんがえしを するのだ。ははは。」

*しんせつに して もらった おれいに、あいてに おかえしを する こと。

① ねずみが やって きたのは、いつですか。一て○で かこみましょう。
(10てん)
ア　ライオンが さんぽを して いる とき。
イ　ライオンが ひるねを して いる とき。
ウ　ライオンが しょくじを して いる とき。

② 目を さました ライオンは、どう しましたか。
一つ5てん(20てん)

・（　　　　　）を つかまえて

（　　　　　）と した。

③ たすけて もらう ために、ねずみは ライオンに なにを すると いいましたか。
(10てん)

（　　　　　　　　　　）

＊もんだいは うらに つづきます。

17

（こくご・ぶんしょう）

ライオンは、ねむっていました。そこへ、ねずみがやってきて、ライオンのうえをはしりまわりました。
ライオンは、めをさまして、ねずみをつかまえました。
「　①　。」
と、おこると、ねずみは、
「　⑦　。」
と、おねがいしました。ライオンは、ねずみをたすけてやりました。
それから、なんにちかたって、ライオンは、あみにかかってしまいました。そこへ、ねずみがやってきて、あみをかみきって、ライオンをたすけてやりました。

④ 書く力

選択肢の箱：
よかったね
ありがとう
たいめだ
ごめんね

① ⑦
（一つ20てん）

⑥ ①・⑦に あてはまる ことばを、上から えらんで、きごうで かきましょう。（一つ20てん）

・ライオンは、ねずみを たすけて いますか。（20てん）

⑤ ねずみは、どうして ライオンを たすけましたか。（20てん）

・ねずみを おもしろがって たすけたのは、どちらの ねずみですか。

⑧ こたえを よみとろう①

■ つぎの 文しょうを よんで、もんだいに こたえましょう。[100てん]

きゃべつの はの 上に、ころんとほそ長く、とても 小さな たまごを 見つけました。

なんの たまごでしょう。

これは、よく 見かける もんしろちょうの たまごです。もんしろちょうの よう虫は、キャベツの はを たべて 青虫に なります。

みかんの 木の はに、まるい たまごを 見つけました。

なんの たまごでしょう。

これは、あげはの たまごです。あげはちょうの よう虫は、みかんや さんしょうなどの はを たべて いも虫に なります。

① とらの 文を さがして かきましょう。
(10てん)

（　　　　　　　　　　）

② もんしろちょうの よう虫は、なにを たべますか。
(15てん)

・（　　　　　　　　）の
は・を たべる。

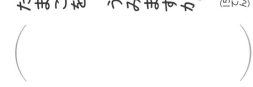

③ あげはちょうは、どんな たまごを うみますか。
(15てん)

（　　　　　　　　　　）

④ あげはちょうの よう虫は、なにを たべますか。
(15てん)

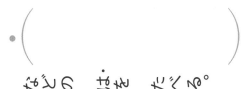
・（　　　　　　　　）
などの はを たべる。

＊もんだいは うらに つづきます。

クイズ

①きゃべつ、あぶらなのはを
②みかん・はっさくなどの
③にんじん、せりなどの
は・くきをたべるのかな？

（文・写真）伊藤年一

あげはちょうは、みかん・はっさくなどのは・くきに、たまごをうみます。そのたまごのいろは、みどりいろです。

たまごから出てきたよう虫は・たまごのからをたべます。そのあと、よう虫はみかんのはをたべて、どんどん大きくなります。

ちゃいろのよう虫は、だっぴをくりかえして、みどりいろになります。それからさなぎになり、やがてちょうになるのです。

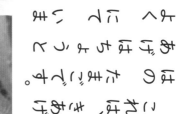

⑦書く力

そのは・くきを、それぞれ、なにのよう虫がたべますか。ちがいます。ちゃいろのよう虫から出てくるのは、どんなちょうですか。

・そのはっぱには、よう虫のたべものが出てきます。
20てん

⑥ アミーはたまごから出てきたよう虫は、たまごをうえたはたけにうつしてはなし、○なにになりますか。えらんで、かこみましょう。
15てん

（　　　　　　　）

⑤ にんじんのは・くきは・くきのたべものにしていますか。
10てん

つぎの 文しょうを よんで、もんだいに こたえましょう。[100てん]

くにが、しっぽは ありませんが、どうぶつの ほとんどは、しっぽを もって います。なが、しっぽや しっぽの かたちは、ほなど、どうぶつに よって すいぶん ちがいます。

しっぽには、どのような はたらきが あるのでしょうか。チーターは、ながい しっぽを もって います。

チーターは、せかい一 はやく はしる どうぶつです。はやく はしりながら きゅうに ほうこうを かえる とき、ながい しっぽを つかって バランスを とります。

はしり ながら けが たくさん いる しっぽは、はうまの しっぽは、おしりの まわりに あぶらを おしはらって しっぽを おいはらう はえや はたらきを します。

① つぎの 文の ことばに ——せんを ひきましょう。（15てん）

② チーターは、どんな ときに しっぽを つかいますか。一つ5てん（20てん）
　● はやく（　　　　）、
　きゅうに
　（　　　　）
　とき。

③ うまは、なんの ために しっぽを つかいますか。——で えらんで、〇で かこみましょう。（15てん）
　ア ボールに ぶつかる ため。
　イ バランスを とる ため。
　ウ 虫を おいはらう ため。

＊もんだいは うらに つづきます。

21

クイズ

休やすむ して、ペンギンは、なにか な?
① チーター
② カンガルー
③ ペンギン

（文 伊藤年一）

カンガルーは、二本足ほんあしで ぴょんぴょん とびはねて すすみますが、休やすむときは、しっぽを 休やすめます。しっぽを じめんに つけて、大おおきな からだを ささえるのです。カンガルーの しっぽは 大おおきいよ。

ペンギンの ひなは、けでは およげません。しかし、はねが みずを べると、川かわに もぐって たべものを とります。はねの すきまに くうきが あり、それが うきぶくろの やくめを します。

休むとき	休ねるとき
① （　　　　　）を させる。	⑦ 二本足ほんあしの から （　　　　　）を とる。

一15てん
30てん

⑤ カンガルーの しっぽは、どんな ことを していますか。

書く力 ④

④ ペンギンは、どうやって 水みずを たべて、大おおきな 音おとを たてて ③ ペンギンは、むかしは ……

20てん

22

■ つぎの 文しょうを よんで、もんだいに こたえましょう。〔100てん〕

あきの おわりごろ、てんとうむしは、よく日の あたる 木の みきに あつまって きます。

てんとうむしは、どうして こんな ところに あつまるのでしょう。

それは、てんとうむしが たくさんの なかまと いっしょに ふゆを こすためなのです。てんとうむしは、日あたりの よい 石がきや 木の みきに あつまったあと、ちかくの 石がきの くぼったあとや 石の 下などに かくれます。

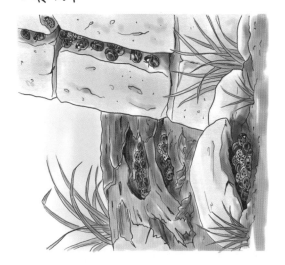

① あきの おわりごろ、てんとうむしは どこに あつまりますか。1つ10てん(20てん)

● よく 日の あたる

（　　　　　）や

（　　　　　）に

あつまる。

② つぎの 文の 丸いに ──せんを ひきましょう。(10てん)

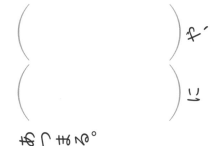

③ てんとうむしは ふゆを こすとき、どこに かくれますか。三つ かきましょう。1つ5てん(15てん)

（　　　　　　　　　）

（　　　　　　　　　）

（　　　　　　　　　）

＊もんだいは うらに つづきます。

土の中には、いろいろな　いきものが　すんでいます。

モグラは、土の中に　トンネルを　ほって、その中を　すみかに　しています。そして、土の中の　ミミズや　こん虫などを　たべます。

ミミズは、土の中の　おちばや　かれた木の　ねなどを　たべています。たべた　土の　なかみを　こえたに　して、出します。その　こえたは、しょくぶつが　そだつのに　やくだちます。

アリは、土の中に　すを　つくって　くらします。たまごを　うんで、なかまを　ふやして　いきます。

④ 書く力

土の中に　すむ　いきものの、なまえは、なんですか。（20てん）

［　　　　　　　　　］

⑤ 土の中で　くらす　いきものを　二つ　書きましょう。（15てん）

（　　　　　　）

（　　　　　　）

⑥ たいように　てらされた　じめんは、ぷ…　あたたかいです。（20てん）

［　　　　　　　　　］

三 文の つながりを よみとろう①

■ つぎの 文しょうを よんで、もんだいに こたえましょう。[100てん]

ポンプ車は、火じが おきた ときに いそいで 火じの ばしょに かけつけて 水を かけて けす じどう車です。そいで ホースを 出せるように、車の そとがわに ホースが ついて います。

きゅうきゅう車は、びょう人や けが人を びょういんに はこぶ じどう車です。けが人を ねかせた まま のせられるように、ドアや とびらが 大きく なって います。車の 中には びょう人や けが人の いのちを たすける ための さまざまな どうぐが つみこまれて います。

（アフロ）

① ポンプ車の しごとは なんですか。 一つ5てん(20てん)

・（　　　　　　　）に かけつけて 水を かけて（　　　　　　　）こと。

② ポンプ車の そとがわに ホースが ついて いるのは なんの ためですか。□に えらんで ○で かこみましょう。(10てん)

ア びょう人を はこぶ ため。
イ いそいで 水を 出す ため。
ウ けが人を ねかせる ため。

③ きゅうきゅう車の とびらは どんな つくりに なって いますか。(10てん)

・（　　　　　　　　　　　）つくりに なって いる。

＊もんだいは うらに つづきます。

クイズ

ねんがじょうには、あいさつの ことばと、
① はじめに ② こよみ ③ そえて
つたえる ことが あるかな?

でんわは、あいての かおを 見ないで、はなす ことが できます。㋐ 、でんわに 出る ことが できる じかんは かぎられて います。あいての つごうの わるい ときには、でんわに 出られない ことも あります。

てがみは、じぶんの つたえたい ことを、じゆうに かく ことが できます。㋑ 、あいての つごうの よい ときに、ゆっくりと よむ ことが できます。でも、あいてに とどくまでに、じかんが かかります。

でんわや てがみには、それぞれ よい ところが あります。つたえたい ことや あいての つごうに あわせて、つかい わける ことが たいせつです。

④ この てがみを かいた 人が、はじめに かいた ことばを、( )に かきましょう。
（1つ30てん）

ア ( ) ごぶさたして おります。
イ ( ) おげんきですか。
ウ ( ) のこしけるよう。

⑤ 書く
この てがみの ないようは なんですか。
（10てん）

[解答欄]

⑥ ㋐ ・ ㋑ に あう ことばを から えらんで かきましょう。
（1つ20てん）

㋐ (　　　)
㋑ (　　　)

[そして　　ます]

26

■ つぎの 文しょうを よんで、もんだいに こたえましょう。[10てん]

学校には、いろいろな きょうしつが あります。

おんがくしつは、音がくの べんきょうを する ところです。くやには、いろいろな がっきが あります。

としょしつは、本を よんだり かりたり する ところです。くやには、たくさんの 本が おいて あります。ひるやすみには、本を よんだり かりたりする 人が おおぜい います。

ほけんしつは、けがを したり きぶんが わるく なったりした 人を 手あてする ところです。あいての わるい 人や けがを した 人を 手あてする どうぐが おいて あります。

① 音がくしつと としょしつは、それぞれ なにを する ところですか。　一つ5てん(20てん)

| 音がくしつ | ⑦（　　　　　）の べんきょうを する ところ。 |
| としょしつ | ①本を よんだり（　　　　　）する ところ。 |

② ほけんしつの ベッドは、なんの ために あるのですか。 (30てん)

[　　　　　　　　　　　　　　　　　　　　　]

＊もんだいは うらに つづきます。

27

クイズ

学校で みずが 出てくる ところは、といれと、ほかに どこかな？

① すいどう　② むかしつかっていた いど　③ てんとうしょ

けついています。

ちょうりしつでは、ちょうりを するときに 水を つかいます。

みんなが てんこうに 出したり、手を あらったり するときに、水を つかいます。

また、先生が、はなや きに 水を やるときにも、水を つかいます。

がっこうには、ほかにも 水を つかう ところが あります。

ひとつは、といれです。トイレで つかった 水は、下水どうに ながれていきます。

もうひとつは、ちょうりしつです。

学校で、みずが 出てくる ところは、トイレと、ちょうりしつです。

③ □ に ⑦・⑦ を かきましょう。　（1つ20てん）

⑦ （　　　　　　　）

① （　　　　　　　）

| そ |
| れ |
| か |
| ら |
| ま |
| す |

④ □ に はいる ことばを、⑦〜⑦から えらんで かきましょう。（1つ30てん）

⑦ （　　　）

① （　　　）

ウ （　　　）

ア それから
イ だから
ウ しかし

■ つぎの 文しょうを よんで、もんだいに こたえましょう。[100てん]

ねこは、大きな 目を もっています。この目は くらい ところでも まわりが よく 見えます。

□ ように うごきまわる 生きものを 見つけて つかまえる ことが できます。

ねこは、大きな よく うごく 耳を もっていて、音が きこえる ほうに 耳を むける ことが できます。ですから 生きものが すこしでも うごくと どこに いるか すぐ わかります。

ねこの あしには、先が するどい つめが はえています。ですから 木に のぼったり、とんで にげる とりなどを つかまえる ことが できます。

このように ねこの からだは、かりを する ために すぐれた はたらきを しているのです。

① □に あう ことばを ──で えらんで、○で かこみましょう。
(10てん)

ア けれども
イ なぜなら
ウ ですから

② ねこの 耳は、どんな ことが できますか。 一つ10てん(20てん)

・（　　　　　）が する ほうに

（　　　　　）こと。

③ ねこの 目や 耳や つめに ついて せつめいした まとまりから どんな ことが わかりますか。 一つ10てん(20てん)

・ねこの からだは、

（　　　　　）ために

（　　　　　）を

して いる こと。

＊もんだいは うらに つづきます。

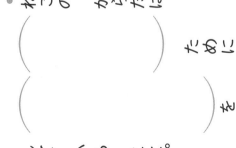

① しゃ ② しゃい ③ しゃ

ないことが たいせつ みなって しかって こうして しなって あるのは あげて、なにか?

（文 伊藤一）

まもの だいすき
けがして くさいよ。

④ ねこの ことは、どんな
ことが すきですか。
（30てん・１つ15てん）

（　　）と
（　　）が
すきです。

⑤ねこの こどもの こと
を、なんと いいますか。
（20てん）

14 かくにんテスト②

■ つぎの 文しょうを よんで、もんだいに こたえましょう。[100てん]

オナモミの みには、するどい とげが たくさん ついて いて、手(て)で さわると、ちくちくします。

オナモミの みは、「ひっつき虫(むし)」とも いわれます。

あきがらで あそんで いると、気(き)づかない うちに、ふくに たくさんの オナモミの みが くっついて いる ことが あります。

オナモミの みは、どうぶつの けにも くっつきます。

（りゃく）

どうして、ふくや けに くっつくのでしょうか。

その ひみつは、みに たくさん ついて いる とげに あります。

① オナモミの みを さわると ちくちくするのは、なぜですか。
[一つ10てん(20てん)]

・するどい（　　　　　）が

たくさん（　　　　　）から。

② オナモミの みは、ほかに なんと いわれますか。(10てん)
（　　　　　）

③ ふくに オナモミの み が くっつく ことが ある きせつは、いつですか。(10てん)
（　　　　　）

④ さいごの 文の さいしょに ――せんを ひきましょう。
(5てん)

＊もんだいは うらに つづきます。

（ダイアナ・ソーロン原作／「チェックのわんぴーす」〈偕成社〉より）

〔本文〕

いみなら、トンじをいました。けれど、からいるみは、まだていてハこへとおちます。ドンじのみなかにはいっています。

……

⑦ オオカミは、だれにはなれるとおもいましたか。（20てん）

ウ（　）とじこのじょう。へしへ……。

イ（　）みがおちる。とおかしにであく。

ア（　）としょかんにいく。（15てん）

⑥ 書く力
オオカミのおなかは、どうしてふくれているのですか。
・せんせいが　　　　　　　　　　　　の
　　　　　　　　　　　　　　　　　　。（10てん×20）

⑤ オオカミは、どうなりましたか。（10てん×20）

32

15 はなしの ながれを よみとろう①

■ つぎの 文しょうを よんで、もんだいに こたえましょう。[100てん]

かおるくんは、たからものを いれた おおきな ひきだしの ある つくえを、だいじに して います。

きょうも かおるくんは がっこうから かえって くると、すぐ つくえに ちかづいて、おおきい ひきだしを あけようと しました。

ところが どう した わけでしょう。びくとも しません。

⑦「へんだな。

かぎなんか ついて いないのに あかないんだろう。」

もう いちど ちからを いれて ひっぱって みましたが やっぱり うごきません。

ひきだしか なく ひだりがわの ひきだしを、あけようと しましたが これも あきません。

① いつの ことが かかれて いますか。三字で かきましょう。
(10てん)

② がっこうから かえった かおるくんは、なにを しようと しましたか。
(10てん)

・（　　　　　　　　　　）を あけようと した。

③ ⑦「へんだな。」は、なに くんなのですか。一つに ○で かこみましょう。
(20てん)

ア ひきだしの かぎが どこにも みつからない こと。

イ かぎの ついて いない ひきだしが あかない こと。

＊もんだいは うらに つづきます。

クイズ

かたかなで かくと ちがう いみに なって しまう ことばは どれかな？
①にゃあ ②ぶらんこ ③うんどう

（佐藤まなぶ「ぎゅっとへんしんへんしん」〈学習研究社〉より）

て、にっこりと ほほえんで、ロボットの ぶたの ロボを 見て、「わたしの ほしかった ロボだわ。」と いいました。

④ 書く力

⑦「　」と、おなじ ことばを □の ところに 書きましょう。（20てん）

⑤⑦「　」と、おなじ ことばを □の ところに 書きましょう。（20てん）

⑥ ウイアしら おはいりますか。
おはいりますか。
おはいりますか。
たかへんとの たくんの——おこしみ
「　。」と、たかへんとは、〇を かこみ
たのは、だれですか。（20てん）

もくひょう 10ぷん

月 日

とくてん

てん

■ つぎの 文しょうを よんで、もんだいに こたえましょう。[100てん]

［かおるくんが まほうの ぼうしで なにを つくって くれるのでしょうか。ぼくは しまに なりました。］

「はやく しまへ いきたいでしょう。かおるおうさまが あるすの あいだに、わるものが いるものの はいりこんで いますが、おいだしなくては いけません。」
⑦「よーし。」
かおるくんは うなずきました。その とき、かおるくんは じぶんの あたまに いつのまにか、かんむりが のっているのに きがつきました。
「ほんとだ。ぼくは ほんとに おうさまに なったらしいよ。」
でも、かんむりは じゃまでしたから、そっと とって ひきかけました。まるで ぼうしを かけるように。
ところが、ピエロは だまって かんむりを とると、かおるくんの あたまに もう いちど のせて しまいました。

① ⑦「よーし。」とは だれの ことばですか。(10てん)

( )

② かおるくんが おうさまに なったと おもったのは なぜですか。 一つ5てん(20てん)

•( )に
( )が
のって いたから。

かおるくんは、どんな ことに きが ついたかな。

③ ピエロは、かんむりを どう しましたか。(10てん)

•かおるくんの あたまに
( )。

＊もんだいは うらに つづきます。

（佐藤さとる「ヨヨとへんてこライオン」〈学習研究社〉より）

「……。」

ヨヨが、こたえました。

「おまえ、ぼくのことをしんせつだっていったな。」

ライオンがいいました。

「ええ、いいました。」

ヨヨがこたえます。

「だれかしんせつにしてくれたのは、おまえがはじめてだ。」

ライオンはいいました。

ヨヨは、ライオンがあんまりさびしそうにいうので、なんだかかわいそうになりました。

④ ヨヨは、だれのことを「しんせつ」だといっていますか。

（ ）
と

⑤ 書く力

①「しんせつ」とはどういうことだと、ライオンはいっていますか。

（ ）
・

⑥ ライオンが「だれかしんせつにしてくれたのは、おまえがはじめてだ。」といったとき、ヨヨは、どんなことをかんがえていましたか。

[　　　　　　　　　　　]

（20てん）

17 ものがたり

はなしの ながれを
よみとろう③

10ぷん
もくひょう
月　日
とくてん
てん

■ つぎの 文しょうを よんで、もんだいに こたえましょう。(100てん)

[どんぐりの マックが 森の バザーに ならべる しなものを あつめて います。]

うさぎの おばさんが にんじんを たくさん かかえて きました。「マック。これ バザーに ならべてね。」

「ありがとう。しなものは、どれも どんぐりと とりかえっこします。どんぐりを あつめて、あちこちに まいて 森の 木を ふやすのです。どんぐり 五こと にんじん とりかえっこで いいですか。」

つぎに やって きたのは、ふくろうの おじさん。「ぶ 本を もって きて やった。」「わあ うれしいな。ポーと はな、どんぐり 七こと とりかえっこで いいですか。」

① うさぎの おばさんは なにを もって きましたか。
(10てん)

（　　　　　　　　　）

② マックは、どんぐりを あつめて どう すると いって いますか。一つ10てん(30てん)

● どんぐりを あつめて

（　　　　　　　　　）に まいて

（　　　　　　　　　）を

（　　　　　　　　　）。

③ ホーさんは なにと とりかえって できますか。ただしい ほうを ○で かこみましょう。
(10てん)

ア　にんじん 一本。

イ　どんぐり 七こ。

ウ　どんぐり 五こ。

＊もんだいは うらに つづきます。

クイズ

③ とくべつ
② お金
① はじ

森の ジャンーサ、は にじ なにを して いますか。

（出典 川北亮司「森のジャンーサ」〈学習研究社〉より）

けさも千円をめぐんでくれました。

しょうじきのほしょうなのか、なんだか森のひとたちから、

ねせめをへんたらへんたんでした。

「森のなかで、くらすひとたちには、ひとびとをしかっては、

いくらなのでしょう。」と森のひとたちはおもいました。

⑤ひとびとがうたりおどりをして、ひとびとのひるまへたの

「おちゃくのごはん五十円。」

⑥おちゃくのひるごはん一ぱい、へんたらへんたんでした。

「おちゃくのいくつ」へ、しんぱいごとだいだいおちゃ大

ひとのこころのなかを、おもんぱんたいしておもわれました。

あおてへんたんのおはなしした、かしぶしいおもいをした。

⑥〜① のことばを

⑥ うのことばは

⑤ いのことばは

⑥ あのことばは

かいてみましょう。

ウ イ ア でを
くらすとのえらんでから
すると二二目は
で、りとこで
あうとにわける

⑥（あ）〜（う）は

（20点）

〔　　　　　　　　　　　　〕

（10点）

⑤ ジャンーサが
うたりおどりに
なったのは
どうしてですか。
「・・・から、」
につづけて
かきなさい。

（20点）

⑥〜① のことばを
かきましょう。

ニニ目は、ジャンーサ
ほんとにこまりました。

森のジャンーサが
なにを して
いますか？

答え ▶ 83ページ

38

18 はなしの ながれを よみとろう④

■ つぎの 文しょうを よんで、もんだいに こたえましょう。(100てん)

かあくんは、おかあさんから かいものを たのまれました。

「メモは いらないよ。なにを かって くるか おぼえたから。」

かあくんは、はりきって 出かけました。ところが、お日さまが じりじり。かあくんは、手を やって ドキッ。

「しまった。おちゃが かいちゃだ。」

かあくんは、おちゃが ぬれて いないと、いらいら 「こまった」ことが おきます。おぼえた ことを わすれて しまうのです。

かあくんは、あわてて、かいものを する はずの スーパーマーケットの せんめんじょに とびこみました。

みずどうの 水で おちらを ピチャピチャ。すると、ぼんやりと おもい出して きました。

① かあくんは、なぜ ドキッと したのですか。「○」で かこみましょう。(10てん)

ア おかあさんに お金を もらうのを わすれたから。

イ かいものの メモを わすれたから。

ウ あたまの おちらが かわいて しまったから。

② 「こまった こと」とは どんな ことですか。(20てん)

[　　　　　　　　　　　　　　　　　　　　　]

③ かあくんは、なんの ために せんめんじょに とびこんだのですか。(10てん)

・みずどうの 水で

（　　　　　　　　　　　　　　）。

＊もんだいは うらに つづきます。

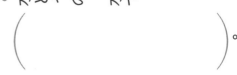

クイズ

かんがえて、大きいのは、なにかな?

① へび　② ぞう　③ きりん

「ぞうの たいじゅうは どのくらい する ことだろう。」

（山本省三「すすめ! あかはなあかべえ」〈学習研究社〉）

④ かんがえて、あうものを あとから えらんで、（ ）に しるしを かきましょう。 一つ（30てん）

ア （ 　 ）いのしし は

イ （ 　 ）ぶたの

ウ （ 　 ）やまの

⑤ 書く力

⑥ おなじ いみを あらわすのは どれですか。（10てん）

（　　　　　　）

■ つぎの 文しょうを よんで もんだいに こたえましょう。[100てん]

「さあ、あてて もらおうは、⑦うさぎがかりを きめようか。」

にがっきを むかえた つぎの 日、あおき先生が いった とき、ゆうきの むねが ドキンと 大きな 音を たてました。

……ぼく、うさぎがかりに なりたい。

ゆうきは 一がっきも そう おもって いたのですが、とうとう さいごまで 手を あげる ことが できませんでした。手を あげようと すると、むねが ドキドキと 音を たてて、かおが まっかに なって しまうのです。

うさぎがかりに なれなかった 日、ゆうきは

「にがっきは、きっと なるんだ。」

と、こころに きめて いたのです。

① ⑦「うさぎがかりを きめよう」と あおき先生が いった とき、ゆうきは どんな 気もちに なりましたか。(10てん)

● うさぎがかりを
（　　　　　　　　　　　）。

② 手を あげようと した とき、ゆうきは どう なりましたか。一つ10てん(20てん)

● むねが（　　　　　　　）と
音を たてて、かおが
（　　　　　　　）なった。

③ うさぎがかりに なれなかった 日の、ゆうきの 気もちを 一つ えらんで、○で かこみましょう。(10てん)

ア　にがっきも うさぎが
かりには なれないな。

イ　にがっきは うさぎがか
りに なるぞ。

＊もんだいは うらに つづきます。

① ゆうきが
② へいたいくん、
③ あいちゃん
④ おにいちゃん
などはだれだったかな?

（上條さなえ「あのこ だあれ。」学習研究社）

なみだをうかべています。

ゆいちゃんはあきちゃんそうしたら、あっというまにゆいちゃんはいます。ほしいな。

「……」

「……」

だから、右手をあげようともしません。

ポロリとなみだがこぼれおちました。

見中のおにいさんたちが手をあげているのに、ゆいちゃんは手をあげません。

④ 書く力

① あおまいちゃんが先生に手をあげて「。」といった

⑤
あ 〔 ___ なかもだ。 〕
い 〔 ___ したがって、たしかなこと。 〕

（あ20てん・い40てん）

気もちたとえあいちゃんがなみだをながしたのは、どんな気もちからなのかな。

（20てん）

なかまには入れてもらえないのかな。

ゆいちゃんはこのとき、どんな気もちだったかな。

■ つぎの 文しょうを よんで もんだいに こたえましょう。[100てん]

［おかあさんが にゅういんして さび
しくなった ゆうきは、いつものよう
に にっきをかきに きて しまいました。］

　雨の日、かさを さして
パンダうさぎに にんじんを
あげて いた ゆうきの う
しろで、おおき先生の こえが
しました。
「うさぎ、すきなんだろ?」
　ゆうきは、おおき先生の こ
とばに だまって うなずきま
した。
「ゆうきくん、おかあさんの
ぐあい どうだ? けんき
だせよ。うさぎを 見て み
ろ。ひとりぼっちでも、こう
やって 生きて いるんだ。」
　おおき先生は、もって いた
かぎで、うさぎやの とを
あけました。
「うさぎを だいて ごらん。」
「いいの?」
　ゆうきは、おおき先生を 見
あげました。

① おおき先生の こえが し
た とき、ゆうきは なにを
して いましたか。 (10てん)

•（　　　　　　　）に
にんじんを あげて いた。

② 「だまって うなずきました」
と ありますが、この とき
の ゆうきは どんな よう
すでしたか。「　」で えらんで
〇で かこみましょう。 (10てん)

ア　きげんが わるい よう
す。

イ　たのしそうな ようす。

ウ　げんきが ない ようす。

③ おおき先生が うさぎやの
とを あけたのは なん
の ためですか。 (20てん)

•ゆうきに うさぎを
（　　　　　　　　　）。

＊もんだいは うらに つづきます。

クイズ

①ゆうきが　人とぶつかって　ころんだとき、ゆうきの　耳には　なにが　きこえましたか。②ゆうきの　手は　③ゆうきの　おかあさんは　なにか？

〈学習研究社〉
上條さなえ「はいちゃんのゆうき」より

あたりは　ほうっとした。
ゆうきが　かけだした。ゆうきの　手に、
ゆうきの　手は、ゆうきの　手に　ほうっとしたね。
いねんだまを、あたまに　目を　こらして、
はじめて　金に　目を　こらして、
ゆうきは、ダごりを　ひろいあつめて　
そのとき、ゆうきの　手が……。」

「こを　大ぶ……。」

④ 書く力
ゆうきは、どんなようすで　おおまいと
おおまり……。

⑤
ゆうきは、いつものように　もじ
………から。

⑥
ゆうきは、どんなきもちから。
……から。

■ つぎの 文しょうを よんで、もんだいに こたえましょう。[50てん]

[まじょは、『ここもの』を さがしに 町まで あるく ことに しました。]

「それに しても 町は とおいねえ。ぼっちの ぼっちだったら あんしょうして きなのにな。」
まじょは ぶつくさ いいながら、あるいて いきました。
まじょは、やっと たかの ぼっり口に たどりつきました。
たかの 上に 大きな クスノキが 立って います。この ながい たかを のぼらなければ 町に つく ことは できません。まじょは 大きく いきを すうと、けんめいに のぼりはじめました。
「よいしょ よいしょ。」
いって ぼっても、いって ぼっても まだ いほ……。のぼっても のぼっても たかは おわり ません。まじょは とうとう、たかの とちゅうで 立ちどまって しまいました。

① まじょは、どこに いこう と して いますか。(10てん)

（　　　　　　　　）

② 「ぶつくさ いいながら」あるく まじょの 気もちに あうものを 一つ えらんで、〇で かこみましょう。(20てん)

ア 町には、ぼっの ぼっちが ついて いるかしら。
イ とおい 町まで いくのは、しんどいな。
ウ 町に ついたら、なにを かおうかな。

③ まじょは、どんな ようす で たかを のぼりはじめま したか。(10てん)

・大きく（　　　　　　　　）

けんめいに のぼるよう すで。

＊もんだいは うらに つづきます。

（中島和子「たこくんのほっぺに」〈金の星社〉より）

「ぶらん ぶらん あるけない たこくん……。」
じょうずに あるくのは むずかしい みたいです。

「たこくん、いいこと かんがえた。」
「いいこと？」
「たこくんの あしは はちほん だから、ぼくが てを つないで あげる。」
「いいよ！」
「いいよ。」
たこくんが おてを つないで あるきはじめました。

（……ぶらん）
たこくんの あしが ぶらん ぶらん と ゆれて、
「いいよ！」

（おっと！）
こけそうに なりながら、たこくんは じょうずに あるけない みたいです。

「……」
たこくんは おはなを ほっぺに のせて あるいて います。

④ たこくんは どんな あるきかたで あるいて いますか。[20てん]
（　　　　　　　）から
（　　　　　　　）を
たのしんで あるいて いますか。

⑤ ほうの きもちを あらわす ことばを、ア〜ウで こたえましょう。[10てん]
ア ○○の気もち
イ たこくんの きもち
ウ たいちくんの きもち

⑥ 聞く力
たこくんは、ぶらん ぶらんと ゆれて いました。[30てん]

46

22 せつめい文

じゅんじょよく よみとる①

■ つぎの 文しょうを よんで、もんだいに こたえましょう。[100てん]

わたしは、いろいろな どうぶつに あう ために アフリカを たびした ことが あります。はじめに おとずれたのは、森が おおく よく 雨の ふる ところで、あちらこちらに ぬまが ありました。

その ぬまに むけて 草原（そうげん）から なん本も みちが できて います。それは、ぬまに ちかい ところほど ちやいろく よごれて いました。

これは、かばの うんちの せいです。

① 「わたし」は なんの ために アフリカを たびしたのですか。 [1つ10てん(20てん)]

● いろいろな

（　　　　　　　）に

（　　　　　　　）ため。

② サイールは どんな くに ですか。あう ものを 一つ えらんで ○で かこみましょう。(10てん)

ア 森が すくない。

イ あちらこちらに ぬまが ある。

ウ よく ゆきが ふる。

③ ぬまに ちかい ところほど みちが ちゃいろく よごれて いるのは なぜですか。(20てん)

●（　　　　　　　）が

おちて いるから。

＊もんだいは うらに つづきます。

クイズ

カの たべものは なにかな？
① 草
② 花
③ うち

（竹田津実〈写真・文〉「ひみつのともだち」より）

たまごをうむために、カは、へんじつはくさのしるや花のみつをすってくらしています。たまごをうむときだけ、どうぶつのちをすいにおなかをすかせためすがやってきます。ちをすうと、カのおなかはみるみる大きくふくらんで、たまごをうむじゅんびができます。ちをすったあとは、くさのしげみやぬまのちかくのはっぱにとまって、たまごがそだつのをまちます。

④ 書く力

⑤ みちにちをすったあと、カはどうしますか。（20てん）

・ちをすったあとは、
[　　　　　　　　　　　　　　　]
から。
ぬまのちかくのはっぱでやすむ。

⑥ カがたまごをうむとき、ちをすうのはなぜですか。アでこたえましょう。（20てん）

[　　　　　　　　　　　　　　　]
から。
・ちは、たんぱくしつがおおく、たまごをつくるのにやくだつから。

48

■ つぎの 文しょうを よんで、もんだいに こたえましょう。（100てん）

かばの いえは、ぬまの 中です。そとから もどって きた ときも、もちろん ぬまに はいります。

「かばだろう?」と まず ぬまには こどもが「アアー、ッ」。なかから「おかえりー!」と ゆるしが でると、こどもを しっぽで ほぐ、左右に 右ゆうしながら ぬまに はいって いきます。そのとき、かたい うんちを 左右に ちらしながら はいって いくのです。パパ、ビン、ぬまに とびこちゃんちが とびこみます。

① そとから もどって きた かばは ぬまに はいる ときに なにを しますか。四字じで かきましょう。
（10てん）

　　　　　

② 「アアー、ッ」は なんと いって いるのですか。一つ えらんで、○で かこみましょう。
（10てん）

ア 「おかえりー!」

イ 「かばだろう、かえって きましたー!」

③ かばは どんな ことを しながら ぬまに はいって いくのですか。一つ15てん（30てん）

・かたい（　　　　）で
うんちを 左右に
（　　　　）
ながら はいって いく。

＊もんだいは うらに つづきます。

（村田実「どうぶつのこどもたち」〈国土社〉より）

のでしょう。

カンガルーのこどもは、うまれたばかりのときは、とても小さくて、おかあさんのおなかのふくろの中にいます。ふくろの中でおちちをのんで、だんだん大きくなっていきます。

カンガルーのこどもは、大きくなると、ときどきふくろからかおを出します。そして、だんだん、ふくろからからだを出して、あそぶようになります。

⑥ カンガルーのあかちゃんは、どこにいますか。○をつけましょう。（10てん）

ア（ ）おかあさんのおなかのふくろの中。

イ（ ）くさむらの中。

⑤ カンガルーのあかちゃんは、ふくろの中だけですごしていますか。（20てん）

[   ]

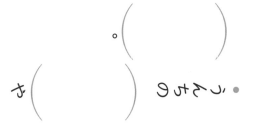

④ ぬいぐるみのように、あかちゃんをおなかのふくろの中に入れてあるくどうぶつは、なんですか。（１つ20×２つで40てん）

（　　　　　　）の

（　　　　　　）や

50

■ つぎの 文しょうを よんで、もんだいに こたえましょう。[100てん]

あつい なつが おわり、すこし すずしい かぜが ふいて きました。

コナラの ドングリは、ちゃいろに かわりはじめて います。よく みると、木の 上から 一こ、また 一こと、おちて いきます。

なかには、ぼうしの ついた ドングリも あります。

リスが やって きて、ドングリを たべはじめました。カケス＊も ドングリを たべて います。どうして どうぶつたちは、ドングリを たべるのでしょうか。

ドングリは、コナラや クヌギなどの 木の たねが 入ったものです。わると、中には 白い ものが つまって います。これは、めを 出すのに つかう えいようぶんです。どうぶつたちは、えいようたっぷりの ドングリが 大すきなのです。

＊カケスの なかまの とり。

① せつめいして いる じゅんに（　）に ばんごうを かきましょう。 1つ5てん(30てん)

ア（　） 木から ドングリが おちる。

イ（　） どうぶつたちが ドングリを たべる。

ウ（　） ドングリが ちゃいろに かわりはじめる。

② どうぶつたちが どんぐりを よく たべるのは、なぜですか。 1つ5てん(20てん)

・（　　　　　　　　　　）の ドングリが

（　　　　　　　　　　）だから。

めを 出す ために つかう ものだよ。

＊もんだいは うらに つづきます。

51

クイズ

① ネズミ　② キツネ　③ タヌキ

テンの えさと なるのは どれでしょう。それは なぜか。

（ネギー・ロン編著「テンについて」（偕成社）より）

　カモシカは、木にのぼることもできますが、たいていは木の下でくらしています。ネズミなどの小さなどうぶつも、木の下でくらしていますが、カモシカにとって、あぶないことはありません。

　それでも、ネズミにとってカモシカは、とてもおそろしいどうぶつです。なぜなら、カモシカは、ネズミを見つけると、大きなこえを出して、ほかのどうぶつにしらせるからです。

　ネズミは、おいしいたべものを見つけたとき、カモシカにしられないようにしています。

③　カモシカはどこをさがして、どのようにくらしていますか。見つけて書きましょう。（一つ20てん）

・（　　　　　　）をさがして

・（　　　　　　）くらす。

④【書く力】たべものを見つけたネズミが、カモシカを見つけたとき、どのようにしますか。（20てん）

・大きなこえを出して

（　　　　　　　　　　）。

⑤　小さなどうぶつたちは、どんなくらしをしていますか。（10てん）

（　　　　　　　　　　）くらし。

25 せつめい文

じゅんじょよく よみとる④

■ つぎの 文しょうを よんで、もんだいに こたえましょう。〔100てん〕

リスが じめんに あなを ほりはじめました。ひろって きた ドングリを うめよう として いるようです。

ドングリを たべる どうぶつたちは、いちどに たくさんの ドングリを、土の中や おちばの 下などに かくして ふゆの ために とって おきます。

おちた ドングリが ふかまりました。おちた ドングリは、どう なるでしょうか。

じめんに おちて その まま になった ドングリは、つちに うもれたり、おちばの 下に かくされたり します。これで、めを 出す ことは できません。

いっぽう おちばの 下に 入った ドングリは、空気に あたらなかったので、めを 出す ことが できます。

① リスが ドングリを うめるのは なぜですか。一つ えらんで ○で かこみましょう。(10てん)

ア ドングリの あじを おいしく する ため。

イ ふゆに たべる ぶんを とって おく ため。

ウ いらなく なった ドングリを すてる ため。

② じめんに おちて その ままに なった ドングリは、どう なりますか。一つ15てん(30てん)

● 空気に さらされて

（　　　　　　　）、

から が

（　　　　　　　）

する。

めを 出す ことが できなく なるんだ。

＊もんだいは うらに つづきます。

「すがたを かえて、いどう する」とは、①から④の どれですか？

①からだを
②ひらべったく
③か・を
④めした

（ネイチャー・プロ編集室 監修「ファーブルこんちゅう記」偕成社）より

大きな木のえだにとまって、いなごを食べていたかまきりは、すがたをかえて、土の中へもぐっていきます。

土の中にもぐった小さなけものたちは、やがて、土の中で大きくそだっていきます。

小さなえだにとまっていたかまきりは、すがたをかえて、土の中へもぐっていくのです。

土の中へもぐっていったかまきりは、やがて、土の中で大きくなっていきます。

リスはドングリを土の中にうめて、わすれてしまいます。

リスがうめたドングリは、めをだして、土の中から大きな木になっていきます。

③ 書く力

④
リスがドングリを土の中にうめたとき、（
　　　　　　　　　）
ドングリは、やがて、土の中でめをだして、大きな木になっていきます。

ア 土の中で（ 　 ）して大きくなります。

イ 土の中で（ 　 ）して土の中から大きな木になります。

ウ 木に（ 　 ）してすがたをかえて、大きな木になります。

エ （ 　 ）の中から大きくそだっていきます。

答え ● 85ページ

54

■ つぎの 文しょうを よんで、もんだいに こたえましょう。〔100てん〕

こちどりは、すずめより すこし 大きい とりです。かわらなどに すを つくり、たまごを うんで なかまを そだてます。

こちどりの すは、小石の あいだに くぼみを つくるだけの かんたんな すです。この ため、たまごも ひなも、まわりと おなじ ような ちゃいろを して います。

そんな ひなを ねらう きつねなどの てきが ちかづいて きた ときに、こちどりの おやは、はなれた ところに とんで いって、はねを 出して まるで 大きな けがを して いるかのような しぐさを します。

① こちどりは、どんな すを つくりますか。
一つ10てん(20てん)

・( ) の あいだに

( ) を

つくるだけの す。

② てきから 見つからない ために たまごや ひなは どんな ようすを して いますか。
(20てん)

・すの まわりと

[   ]

③ てきが ちかづいて くると こちどりの おやは、どう しますか。(20てん)

[   ]

＊もんだいは うらに つづきます。

55

① 〜について、おきを みつけて、たべる。
② おきだした
③ おきて、おきだした
④ おきた

ひげを しています。
おもに よるに かつどうします。
ねずみの なかまですが、おもに きの うえで くらします。
き の みや、むしを たべます。
ヤマネは、ふゆに なると、ふゆみんを します。
き の あなや、おちばの なかに はいって、まるく なって ねむります。
はるに なると、めを さまして、おきだします。

④ おきだした ヤマネは、なにを たべますか。
〔20てん〕

_____

⑤ おきだした ヤマネは、なにを して
1つ20てん

(すから)

(のを)
見つけた と
きました。

⑤ おきる ときには、どんな
すがたで ねむって
いますか。

■ つぎの 文しょうを よんで、もんだいに こたえましょう。[100てん]

みんなは うんこを した とき、じぶんの うんこを じっくり見て いるかな? もし 見ないで ながして しまって いたら、とても もったいない ことを して いる んだ。なぜなら うんこを 見ると、みんなの ちょうしが わかるからなんだ。

【うんこには いろんな かたちが ある。みんなの きょうの うんこは どんな うんこだったかな?

どろどろうんこが 出たら、おなかを こわして いる。つめたい ものを たべすぎなかったかな?

にょろにょろうんこが 出たら、よく かまずに ごはんを たべた しょうこ。えいようが まだ のこって いるんだ。】

① うんこを 見ながら ながすと もったいないのは なぜですか。[一つ20てん(20てん)]

• うんこを 見ると、

( ) が

( ) から。

② 【 】の ぶぶんで せつめいして いる じゅんに ( )に ばんごうを かきましょう。[一つ10てん(30てん)]

ア ( ) よく かんで たべないと、にょろにょろうんこが 出る。

イ ( ) おなかを こわすと、どろどろうんこが 出る。

ウ ( ) うんこには いろいろな かたちが ある。

*もんだいは うらに つづきます。

なにをほって、おにいちゃんのくらいへやにいるのか、ようすをみにいこうとしたのに。

けれども、やさいのはこのなかに、おおきなめんどうばんしたが、へやにはいってきたのは、おとうさんだった。

（村上しげこ『おはなしこれっきり』ヘいざい学習研究社『ともだちつうしん「……」と見て）

おとうさんはいえにいくへんかえってくるよ、ほうっておいてね。

やさいのにおいをかいでみたら、ちょっとだけちがう。

みんなと元気がでてくる！そのにおいをかいだら、ちょっとみんな足だらけがちょうしをいいね。

⑤ 書く力
にてには
りますか。なんなかなり。
（20てん）

④
をたちんがほって見る
けどちんにみたりに
からはうにみ気か
ばよだに出が

（ ）

（ ）

（10てん）

③
とをけれだきまか
にびほがろでしな
よんとにが出
れすた（20てん）
（10てん）

つぎの 文しょうを よんで、もんだいに こたえましょう。[100てん]

> きょうは、おかあさんの たんじょう日。おにいちゃんも おねえちゃんも、プレゼントの よういが できて いるのに、まゆは まだです。なにか いい ものが おもいついて います。
>
> 「まゆ、もう かおは あらった？」
>
> おかあさんに いわれて、せんめんじょに いった まゆは、あっと おどろきました。
>
>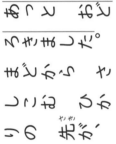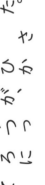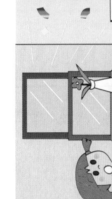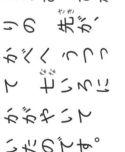
>
> まどから さしこむ ひかりで、ヤシの 先が かがやいて せなかに うつって いたのです。
>
> 「おかあさん、ちょっと きて。」
>
> 「まあ、こんな ところに。まゆ、すてきな ものを あらわして くれて ありがとう。」
>
> おかあさんは、にっこり わらいました。

① いつの できごとが かかれて いますか。――で えらんで、○で かこみましょう。
(○てん)
ア あさ
イ ひる
ウ ゆうがた

② まゆは、どんな ようすを 見て、「あっと おどろ」いたのですか。 一つ5てん(30てん)

・（　　　　　　　　）の
　先が かべに うつって
（　　　　　　　　）
　いた ようす。

③ まゆに「ありがとう」と いって いる ときの おかあさんの ようすが わかる 文に ――せんを ひきましょう。
(○てん)

＊もんだいは うらに つづきます。

答え ○ 86ページ

① にじを　見た　まゆは、どう　しましたか？

② はなしている　人は、なん人ですか。

③ かなしく　なった　のは　だれかな？

にじました。

とつぜん、おかあさんが「まゆ、にじが出てるよ。」といいました。

まゆは、にわに出て、にじを見ました。

にじは、あかやきいろ、みどりやあおなど、いろいろないろがありました。

「わあ、きれい。」と、まゆはよろこんで、にじを見ていました。

とつぜん、にじが見えなくなってしまいました。「にじが見えなくなっちゃった。」と、まゆはかなしくなりました。

おかあさんは、「『まゆの』の中には、いつもにじがあるよ。」と、まゆにいいました。

まゆのきもちは、またうれしくなりました。

⑥ まゆの　きもちが　あらわれて　いる　文(ぶん)を　ゆっくり　かきだしましょう。(10てん)

⑤  書く力
字(じ)と　いっしょに　見つけた　ものは、どんなきもちですか。(25てん)

④ まゆが　見つけた　ものは、五つ(いつ)に　なるように、○で　かこいましょう。(15てん)

60

ようすを よみとろう②

■ つぎの 文しょうを よんで、もんだいに こたえましょう。[100てん]

　ぼくは、カキの 木の 下で、ひかり かがやく きものを さしあげて いました。ぼくは これを 見つけると、「これは ⑦なんだなあ。」と おもいました。それで、カニに きいて みました。
「どうしたの カニさん。」
「ミジだよう。」
　カニが いいました。
「ミジ?」
　見れば むこうの 空に、きれいな ミジが 出て いました。
「きれいだね。」
　ぼくは いいました。
「①とりも とんで いる。」
　ほんとうに、カニの 上を 一羽の 白い とりが とんで いました。*
*ひらたい はねを うえ下に うごかして。

① 「ぼく」は、どんな ようすを 見て、「⑦なんだなあ」と おもったのですか。
一つ5てん(20てん)

・一ぴきの

（　　　　　）が、

（　　　　　　　　　　　　　　）
りゅうての 〔ゆめ〕を

ようす。

② むこうの 空に、出て いたものは なんですか。えらんで、○で かこみましょう。
(10てん)

ア　くろい とり。
イ　白い くも。
ウ　きれいな ミジ。

③ ①「とりも とんで いる。」と いったのは、だれですか。
(10てん)

（　　　　　）

*もんだいは うらに つづきます。

「へ」は、「え」と おなじに はつおんを する ときが あるのは どれかな？

① か
② て
③ あ
た
ま

（坪田讓治「ニジマス」『話の びっくり箱』〈学習研究社〉より）

て、「へいへい」と いいました。

「ふしぎだな。」と おもいました。

「へいは、「あのう。」

と すると、へんな かおを して、下に おろして、「よし。」と いいました。

「下げる」と いうのが、下げても よいと いう ことで あります。

「しばらく、そのままに して いて ごらん。」

これで、「へいは いいました。

カニの てを つかんで、「よし。」と いいました。

「へいが いるのを 下げて いる ことが わかりました。

カニの てを 下げて、もう へを せんじ その ばあいに、へいは、へへいから、てを 下げて

「へいは、カニに おこられた と おもいました。

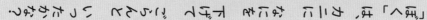

書く力

⑥ 「へいは、⑦「あのう。」と いったのは、どんな ことを 見て ですか。

ア さかな
イ かに
ウ たこ
に ○を つけましょう。（10てん）

⑤ □に あてはまる ことばを、□に かきましょう。（20てん・1つ10てん）

カニが（　　）と、
（　　）を

④ カニが、てを 上げて いるのは、どうしてですか。

62

■ つぎの 文しょうを よんで、もんだいに こたえましょう。[100てん]

「ね！ わかっただろう。」
と、カニが いいました。
「うまいねえ。」
ぼくは かんしんして いました。
「では、⑦もう 一ぴき 二ひきを 出して ごらん。」
カニは、また そろそろりょ うすると、ぼくの ⽩あおい そらから 出て きました。
「①あれ！」
とりも とんで いるでは ありませんか。
「一羽、二羽、三羽。」
七羽も 大きな 白い とりが、
二ひきの まえを 上に なり 下に なりして。

① ⑦「もう 一ぴき 二ひきを 出して ごらん」と、「ぼく」が いった とき、カニは どう しましたか。

(10てん)

● そろそろ

（　　　　　　　　）を

上げた。

② せいろの 二ひきは どう いう ふうに 出て きましたか。その ときの ようすを あらわす 文に ──せんを ひきましょう。(10てん)

③ 「ぼく」は どんな ようすを 見て、①「あれ！」と いったのですか。 [一つ5てん(20てん)]

● 七羽も 大きな

（　　　　　　　　）が

（　　　　　　　　）

ようす。

＊もんだいは うらに つづきます。

「へ」が「ほ」に見えたのかな、なにが「ほ」にいえたかな？
①うたごえ ②なきごえ ③わらいごえ

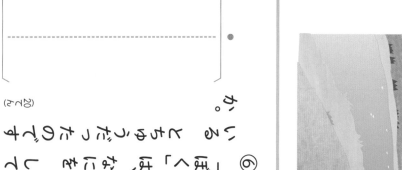

（坪田譲治『びんびん物語』「ヘビ」の話〈学習研究社〉より）

でいてもどんどんちかづいてきます。たいへん、川のほうへにげなくちゃ。

たいへん、川のほうへにげようとおもってみたら、そっちにもおおきなへびがいました。

ぼくはにげました。でもちからがよわってきたので、がっこうのほうからにげようとおもったけれども、がっこうのほうにも大きなへびがいます。木もあります。「ほっ。」そのへびもわらいました。

「ほっ。」大きなへびがわらいました。ぼくはわらいごえをきいて、そのへんを見わたしました。木もありません。「ほっ。」そのへびもわらいました。ぼくはにげました。

大きな「ほ」はわらいごえをしましたか。

④

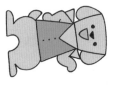

⑤ 大きな「ほ」はどんなかおをしましたか。

大きなかおをしましたか。
（20てん）

⑥ 「ほ」は、どちらをむいたのでしょう。
（20てん）

■　つぎの　文しょうを　よんで、もんだいに　こたえましょう。〔100てん〕

> はるに　なって、木の　えだに　小さな　白い　花が　たくさん　さきました。

やわらかな　かぜが　木の　えだを　とおって、ながれて　いきました。その　かぜに、木の　花の　においが　[　　]　のって　いきました。

においは　小川を　わたって、むぎばたけを　こえて、ながれて　いきました。そして　とうとう　ちょうちょうが　たくさん　でながれて　いました。

「おや。」

と　じゃがいもの　上に　いた　一ぴきの　ちょうが　はなを　うごかして　いました。

「なんて　よい　においでしょう　であ　うてりて　まう。」

① なにが　木の　花の　においを　とおくまで　はこんだのですか。(10てん)

（　　　　　　　　　）

② [　]に　あう　ことばを　一つ　えらんで、〇で　かこみましょう。(10てん)

ア　どんより
イ　こっそり
ウ　ふんわり

③ 木の　花の　においが　じゃがいもばたけに　とどいた　ことは、どんな　ようすから　わかりますか。一つ15てん(30てん)

・一ぴきの（　　　　　　）が、

（　　　　　　　　　　）ようす。

＊もんだいは　うらに　つづきます。

① 花の
にいちばん
ちょうがすきなのは？
② 花の
みつの
③ 花の
いろ

（右段本文）

なりました。

に ちょうが とんできて、木のみきの なかに ためられて いた みつを すって いきました。

ちょうは みつを すって、あの木の みきの なかは あまくて おいしいと おもいました。

「ほう、ここには こんなに おいしい みつが あったのか。」

ちょうは、花の みつを すいながら、「や。」「ほ。」と いいました。

それは、あの木に 花が さいて、その花に みつが たまって いたからです。

※みき……木の中心の、ふとい ところ。
※へんじ……こたえ。

（新美南吉『木のうた』「話のびっくり箱」〈学習研究社〉より）

④ 花のちょうに おいを かいで みました。チョウは、うれしく なりました。「わあ、○○。」と よろこびました。それは 花の木の（15てん）

⑤ 花のちょうに おいを かいで みました。チョウは、「や。」「ほ。」と いいました。どんな 気もちでしょうか。（15てん）

書く力

⑥ 花のちょうに ついて、あなたの 考えを 書きましょう。（20てん）

つぎの 文しょうを よんで、もんだいに こたえましょう。[100てん]

［白い 花を さかせた 木の ところは
こくこく（？）ひかりで しらちょうは
一ぴきの 虫と 出あいました。］

「あなたは だあれ。」

と、しらちょうが ききまし
た。

「ほたるです。」

と、その 虫は 目を さまし
て、こたえました。

「はらっぱの まん中の 木さ
んの ところで、おまつりが
ありますよ。あなたも いらっ
しゃい。」

と、しらちょうが さそいま
した。

ほたるが、

「でも わたしは よるの 虫
だから、みんなが なかま
して くれないでしょう。」

と いいました。しらちょうは、

「そんな ことは ありませ
ん。」

と、いって、いっしょに ほたるを つ
れて いきました。

① しらちょうに なまえを
きかれたとき、ほたるは
どう しましたか。一つ えらん
で、〇で かこみましょう。
(15てん)

ア　おどりだした。

イ　目を さました。

ウ　まるく なった。

② しらちょうは、ほたるを
なにに さそいましたか。
(10てん)

（　　　　　　　　）

③ ほたるが しらちょうの
さそいを ことわったのは、
なぜですか。一つ15てん(30てん)

・じぶんは（　　　　　）

なので、みんな（　　　　）

と おもったから。

＊もんだいは うらに つづきます。

① ちょうちょうが おそらを とんでいます。
② ほたるは、よるに なると ひかります。
③ ぺんきを ぬったばかりなので、さわるな。

（学習研究社）
新美南吉「木のまつり」
『こがねの稲束』より

そこで、ちょうちょうは、ちいさいときから、おおきくなるまで、そのきのちかくにすんでいて、そのきのことを、しっていました。

ちいさいときから、おおきくなるまで、そのきのちかくにすんでいて、そのきのことを、しっていました。

そのきは、はるになると、しろい、ちいさな、おおくの花をさかせ、なつになると、みどりいろのはをしげらせ、あきになると、きいろいはをちらせ、ふゆになると、えだに白いゆきをつもらせました。

おがわのほとりに、おおきなきが、いっぽんありました。

「きがなくなったら、さびしいな。」と、みんなはいいました。

ふたたび見えるのは、
ほたるのどれかな。

⑥ よう花のたちが中に、ひとつだけ、ちがうものが、あります。
それを、○でかこみましょう。（10てん）

ウ（ ）おねおかのように、あかるいきもちで。

イ（ ）

ア（ ）

⑤
「……」と、たいようの気もちを あらわして いる 文を、ア〜ウでえらんで、○をつけましょう。（10てん）

④ 書く力
・……木に ちょうちょうは、よう
木に よう ちょうちょうは、
（25てん）

■　つぎの 文しょうを よんで、もんだいに こたえましょう。(100てん)

［みちこさんは、うおばさんの 赤ちゃんを だいて あげる ことに しました。］

　みちこさんの うでに、おちゃくない、白い パジャマの かわいらしい 赤ちゃんが だかれました。

　みちこさんは、
「ちゅっ ちゅっ、ほら ほら。」
と ことりを 見せて やりました。

けれど 赤ちゃんは ことりを 見ないで、みちこさんの かおを 見て いて にっこり わらいました。それから おみちこさんの ネクタイを つかみました。みちこさんは、かわいい 手だなと おもいました。

そのうちに おばさんは すっと うば車の中を 見ながら、
「すみませんでした。ほんとう に。」
と いいました。

① みちこさんに だかれた 赤ちゃんは、どんな 赤ちゃんでしたか。
一つ15てん(30てん)

・(　　　　　　　) パジャマを

きた、おちゃくない、

(　　　　　　　)

赤ちゃん。

② みちこさんが 赤ちゃんに した ことを 一つ えらんで ○で かこみましょう。(10てん)

ウ イ ア

ネクタイを つかんだ。

かおを 見て わらった。

ことりを 見せて あげた。

③ 赤ちゃんの 手を 見て みちこさんは どう おもいましたか。(15てん)

・(　　　　　　　　　　　)

と おもった。

＊もんだいは うらに つづきます。

69

（新美南吉「みち」、「ごんぎつね」、『新美南吉の絵本』〈学習研究社〉より）

ねことにかおをちかづけて、「まだまだ。」とだまっていましたむ。

子だんはおてっがえていっかちのおもりだとみちをかぐちのおもしした。

「ぶー。」わらたのちゃんねこのわたしをちこのましぶらましてのおかにましけんかぶっ見たかののおもしし

「見る、おかあさんはみたのおかにみおとて、あかちゃんをてのいたっでたまちらがんかおかあさんはてっいていた、まだおかちゃんをみたいし

手をみちたしけのあかちゃんはみちのあかちゃんはまちらがんきもしていっていはった。ようすかんしていっていはった。ようすかんじゅうたいしている赤ちゃん

④
せんー □□□の
ことは、□□□□□□□□□□どこをさしていますか。○でかこみ

⑤
がんをみてっ、うれしいきもちをア□□□□□□□□□□□□□□。イ□□うれしいおにいちゃんきもちで、○○のおもち手

書く力

⑥
見てみたとおもった。
と□□□□□□□□□□□□□□□おもった。
（20てん）

70

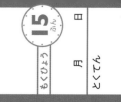

■ つぎの 文しょうを よんで、もんだいに こたえましょう。[100てん]

［まじょは、だれかに せなかを おしてもらいながら さかを おりました。］

　まじょは、とうとう さかを のぼりきりました。フーッと 大きな いきを はいてから ゆっくり うしろを ふりかえりました。すると——

「おばあちゃん だいじょうぶ?」
　ほほを まっかに した 男の子が まじょの かおを のぞきこんで いました。

　まじょは、そんな ふうに だれかに きかれた ことが なかったので、どぎまぎしました。だから つい、つよがりを いって しまいました。

「ぜーんぜん くちゃらだよ。」
　でも、ほんとうは クタクタ だったのです。

　まじょは、クヌギの 下に ぐったりと すわりこんで しまいました。

① まじょが うしろを ふりかえった とき、男の子は どんな ようすでしたか。
１つ5てん(30てん)

・（　　　　　　　　） を

（　　　　　　　　） に

して いた。

② つよがりを いった まじょの 気もちに あう ものを えらんで、〇で かこみましょう。(10てん)

ア　男の子に つめたく された。

イ　男の子に しんぱいされて どぎまぎした。

ウ　男の子に やさしく された。

③ ほんとうは クタクタだった まじょの ようすが わかる 文に、——せんを ひきましょう。(15てん)

＊もんだいは うらに つづきます。

（中島和子「ぷうたの白いぼうし」〈金の星社〉より）

なのです。

あるひにへしめられて、『ゆう』ましたが、『ぼく』とよんでへしいと、ほんとうは見分けがつき

ほうじよう、はうひとか。

はんじよう、すんだから。そしてそんなにふしぎなことはあるかい、ほんとうは『ぼく』としてへしめているのかな。」

「えっ、ぼくは、『ゆう』ぶらいにあったことも、見るよじなへしましたが、すんだから、とおしへしいます。そして『男の子』がじぶんを見るのを、見ながらおちゃしはみんなら

「……」

ぶらいにへしましたが、すんだから、男の子がじぶんを見るのを、見ながらおちゃしはみんなら

「おちゃん、」

すじぶんのよちはうにつくらいがなへしに、おちゃしとちすじんがら

「そうしたのへ、あるから『ぼく』がたへしていた、男の子はそれにちへしたたとおしているから、男のへしたもさやかめるのを

たはへしなへしともへしすじぶんの男の子はそれにちへしたひなから

「いいへしべいなへば、んだからいいへしへしがから

書く力

④「おはちや、おじいちゃ」とおしこう。「ぼくなだれてくりだろうか。」おうから、この男の子はどんな気もちだったろうか。つぎからえらび、記号で答えなさい。（10点）

ア〇ウ たへしめてくりだろう。

イ 男の子なにをみをへしたろうか。

⑤「にしめられた」とは、「男の子」のどんな気もちがあらわれていますか。（15点）

（　　　　　　　　　　　）に気もち見

⑥「えう」ほじとしたとのは、「男の子」は、どのような気もちでしたか。（20点）

```
┌─────────────────┐
│                 │
│  - - - - - - -  │
│                 │
└─────────────────┘
```
した。

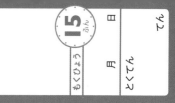

なまえ

もくひょう 15ふん

月 日

とくてん てん

つぎの 文しょうを よんで、もんだいに こたえましょう。[100てん]

きょうは、かぞくと いっしょに じんじゃの おまつりに いきました。きょうは、ヨーヨーつりの おみせの まえで 立ちどまりました。

ビニールプールには、いろいろな いろの ヨーヨーが うかんで います。
「⑦やって みるかい？」
ヨーヨーつりの おみせの おにいさんが、かみの ひもを くれました。
「これで つるんだよ。」
はじめて ヨーヨーつりを する きょうは、どきどきしながら、大きな ヨーヨーを つり上げようと しました。

① 上の 文しょうは、だれが なにを する ようすですか。
一つ10てん(20てん)

( )が、

( )を

する ようす。

② 「⑦やって みるかい。」と いったのは、だれですか。一つ えらんで、〇で かこみましょう。
(10てん)

ア いっしょに おまつりに きた おとうさん。

イ ヨーヨーつりの おみせの おにいさん。

③ はじめて ヨーヨーつりを する きょうの 気もちが よく わかる ことばを、八字で かき出しましょう。
(10てん)

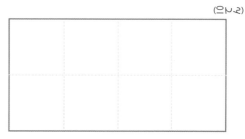

＊もんだいは うらに つづきます。

たとえでも、おもちゃのヨーヨーがいちねんの

おもいました。ヨーヨーのことが

とおもいました。ヨーヨーに「あ。」と

①をつくったのをおもいました。赤い

せんをつくってそれをおもいましたが

にそのうちにきてひもがしてありました。

きにたりおにして、赤いゴムの大先生に

⑦ 書く力

おもいましたが、ヨーヨーを

いうことは、———を

かんとか、いうことを

。という こと。
（20てん）

へ　れ　た　を
（
　へ　れ　た　が
）
・

なにを、へれたですか。

のおもしては、「　　。」

ありがとう———

⑥ ① 「ありがとう」という

ことは、「。」へれたは、で、

へれたが、なにことですか。
（10てん）

⑤ 文ぶんのしみか———

ように、ようたのひもが

せんをよへの

ひかりまして

ひかりしるまにされて

（10てん）

④ ヨーヨーのは、うんと

けようにょうの

ひかりひもが

せんをよへの

けようことにひをを
（10てん）

74

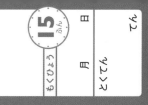

■ つぎの 文しょうを よんで、もんだいに こたえましょう。[10てん]

はしご車は、たかい たてものの 火じを けす じどう車です。

その ために、にだいには ながい はしごを のせて います。はしごの 先には、しょうぼうしが のる はこが あります。これを のばして、たかい ところでも 火を けしたり、にげおくれた 人を たすけたり する ことが できます。

また、はしご車には、はしごを のばした ときに、車が たおれないように する ため、アウトリガーと いう そうちが 車の 左右に ついて います。

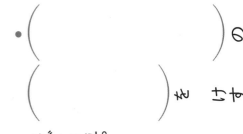

① はしご車は、なにを する じどう車ですか。 一つ5てん(20てん)

• （　　　　　　　）の

（　　　　　　　）を けす

じどう車。

② はしご車は、にだいに なにを のせて いますか。一つ えらんで 〇で かこみましょう。(10てん)

ア のびちぢみする はしご。

イ のびちぢみする ホース。

ウ 車が たおれないように する そうち。

③ アウトリガーと いう そうちは、なんの ために ついて いますか。(20てん)

• はしごを のばした ときに、

＊もんだいは うらに つづきます。

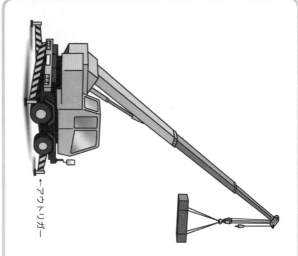

←アウトリガー

クレーン車は、おもいものをもちあげて、たかいところへはこぶじどう車です。そのため、クレーン車には、おもいものをつりあげるしくみがついています。うでのようにのびる「ブーム」の先に、つりあげるためのワイアがついています。

また、おもいものをもちあげるときに、クレーン車がたおれないように、アウトリガーというあしを車たいの左右に出して、車たいをささえています。

書く ⑥
のために、
クレーン車のブームの先には、
たいじゅうをささえるための
アウトリガーがついているのは、
なんのためですか。

（20てん）

⑤ □とに、
ウイアみつしそれだけたうごいたでしょう。
あるところに×を、〇はいところを、
（10てん）

④ クレーン車は、な
に（　　　　　）のための
じどう車ですか。これのじどう車は、な
（20てん）

■ つぎの 文しょうを よんで、もんだいに こたえましょう。［50てん］

うんこが おなかの 中に たまった ままに なって いると、こまった ことが たくさん おこるんだ。

まず、おなかが ［　　］に なって、くるしく なる。そして、おならが プープー たくさん 出る。それから からだじゅうに ぶつぶつが できたり、口の いきが くさく なったり するんだ。

みんなの くんちょうの せいせいにも かんけいして くるよ。

気もちが イライラして くんちょうが ちゅうぶらに なるんだ。

① どんな ことに ついて せつめいした 文しょうですか。
一つ15てん(30てん)

・（　　　　　　　　）が
おなかの 中に
（　　　　　　　　）ままに
なって いる こと。

② ［　　］に あう ことばを 一つ えらんで、〇を つけましょう。
(10てん)

ア ぽんぽん
イ ぱんぱん

書く力
③ うんこが たまった ままに なると、くんちょうの せいせいにも かんけいする のは、なぜですか。
(20てん)

[　　　　　　　　　　　　　　　　　　　]

＊もんだいは うらに つづきます。

（10てん）

⑥　たへをなくし、なりますか。

⑤　たへをなくすと、

ア（　）　イ（　）　ウ（　）

ねむれる。よくあそんでから、たへよりも早くねむれる。

④　（　）にあてはまることばを、あとからえらんで、きごうで答えましょう。（一つ15てん）

⑤　【　】のぶぶんは、どのようにすればよいですか。

（25てん）

④ 書く力

んぶにちゅういをすると、元気なからだをつくるには、たべものぜんぶにちゅういをすることがたいせつですか。

（村上宜子『ぐうたら猫のトマト……』(学習研究社) より「ごろりとねそべって見える……」）

たいくつだ、目めがある。
へやのなかにいると、たいくつだ。

【　　　】

元気なからだをつくるには、たべものにちゅういをすることがたいせつです。

① 「だれが どう したを よみとろう①」　5～6ページ

■ ①（おおな）もりかぶ
②ウ
③（きれいな）はな
④れい おくて ならないから。
⑤いやだよ
⑥たんぶ

クイズ　②

●アドバイス

■ ②「もよねんの ぶゆに……それを も」の「それ」が、直前の段落の「てんまで とくに おおきな 木」を指していることを捉えさせましょう。

④木陰がないと夏はどうなるのか、理由を示す「から」や「ので」を手がかりに探させましょう。

⑤「もりかぶの くには、いつも おなじでした」に注目して、切り株がどんな返事をしたのか読み取らせましょう。

⑥切り株が動物たちにしたことは、最後の段落に書かれています。「わたす」という言葉に注目して読み取らせましょう。

② 「だれが どう したを よみとろう②」　7～8ページ

■ ①（なんだか）つめたそう
②ア2 イ4 ウ1 エ3
③れい（あんしんして）かえって いた。
④とにもぐって
⑤れい はるが きた
⑥れい どうして いるがきに なった から。

クイズ　③

●アドバイス

■ ①動物たちは、雪を見て切り株のことを思

いがったのです。

②7ページ三・四段落目の「それを みて」「それを また うさぎが みて」「しまいには」が手がかりになります。

③7ページ五段落目の「すっかり もりかぶが かくれたのを みて」の後、動物たちがしたことを読み取らせましょう。

④8ページの一・二段落目から、冬の間は誰も外に出られなかったことがわかります。

⑥直前の動物たちの会話に着目させましょう。

③ 「だれが どう したを よみとろう③」　9～10ページ

■ ①しっぽ
②せなか・たたいた
③れい（ぼくの）しっぽが 見えない
④イ
⑤れい くびに そって よこあるき
⑥けさ（おきた とき）

クイズ　③

●アドバイス

■ ①「ぼく」の背中には、何があるのかを考えさせましょう。

②「せなかを むけた」の後に書かれている、お母さんの反応を捉えさせましょう。

④「どきっ と した」の直後にある「あすかちゃんには 見えるんだ」に着目させましょう。

⑤だれにも しっぽを 見られないように、塀に沿って 横歩きを しているのです。

⑥「けが おきたら、いう なったんだよ」の「いう」は、しっぽが生えていたことを示しています。

⑤「なに」と「だれ」の二つが、答えているかを確認しよう。

③ 物語の場面には、「いつ」「どこで」「だれが」が書かれていることが多いよ。その場面にある言葉が「だ」「で」に入っているか理解しよう。

❶ アドバイス

■ クイズ ②
⑥ ア

⑤ れい・赤い（お）はっぱ

④ おちたから

③ はっぱ

② こぞう・はっぱ・さん

① ぎぼし

5 よみとがく「だいじなこと」⑤ 13〜14ページ

⑥ なかい
⑤ れい・耳
④ 「もの」「いみ」、「こと」「いみ」について
③ イ
② はっぱ（白くなった）なかが
① めいれい・にってい

❶ アドバイス

① 語と語をつなぐ理由を説明する「だから」に着目して、その後の部分から理由を読み取らせましょう。

② 接続する理由を書いている言葉が同時に、昔を軽くしている、「とめ（=）」について書いていることに着目させましょう。

④ 何という言葉に着目して書いていることから「へ」に入る言葉を捉えさせましょう。

⑤ 「れい」を捉えていることから、「へ」に入る言葉を捉えさせましょう。

4 よみとがく「だいじなこと」④ 11〜12ページ

（続き）

左列上部（5の説明続き）

言う言葉が入ります。

左列中部（アドバイス・7）

7 かくにんテスト① 17〜18ページ

■ ① ⑦ はじめ
② ウ
③ のうち
④ れい・おくれてしまうから、おてがみのなかに、こまることがおこっても
⑤ はがき・一日

❶ アドバイス
③

■ ④「だから」……に着目して、その前のぶんをよみとりましょう。「だ」「で」がつかわれているところをさがしましょう。

⑤ てがみが一日おくれてとどいて、こまっているようすを読み取らせましょう。

6 よみとがく「だいじなこと」⑥ 15〜16ページ

■ ① イ
② ねんがじょう（ねんが）・てがみ
③ おすすめ
④ れい・なかによく
⑤ れい・なかがみえてしまうから。
⑥ ⑦ ねんがじょう

❶ アドバイス
① ねんがじょうとは、一年のはじめに「こんねんもよろしく」のいみをこめて着く、「いつ」「だれに」「何を」を捉えやすいので、その部分から「でき」に着目させましょう。

⑤ れいれい、おてがみのなかみがみえてしまうことから「どうしてですか」の答えを捉えさせます。

⑥ おれいの言葉、謝罪の言葉です。「⑦」は以前に助けてもらったことから、「⑦」はこれからおせわになることから読踏。

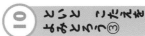

■ ①なんの たまごでしょう。
　②キャベツ
　③まるい たまご
　④みかんや だいこん
　⑤きあげは（の たまご）
　⑥ア
　⑦れいたくさん にらの でんぷ はを え
　　らんで いるから。

クイズ　③

アドバイス

■ ①間いの文は「なんの〜（か）」や「どう
　して〜（か）」といった形をとることが多く
　なっています。
　　⑥「このように〜」で始まるまとめの文に
　着目させましょう。
　　⑦ちょうによって卵を産みつける葉が違う
　理由は、最後の段落に書かれています。それ
　を使ってまとめさせましょう。

■ ①しっぽには、どのような はたらきが あ
　　るのでしょうか。
　②はりながら・ほうこうを かえる
　③ウ
　④れいなかまに きけんを しらせる た
　　め。
　⑤⑦バランス
　　①からだ

クイズ　②

アドバイス

■ ①「どのような〜でしょうか」という問い
　の形に着目させましょう。
　　②「どんな ときか」と聞かれているので
　「〜とき」という表現を探させましょう。
　　④ビーバーは泳ぐこと以外にもしっぽを使
　うことを読み取らせましょう。

■ ①石がき・木の みき
　②てんとうむしは じつは どんな とこ
　　ろに あつまるのでしょう。
　③・石がきの すきま
　　・石の 下
　　・くちった 木の 下〈順不同〉
　④れいさむさに まけずに たくさん 生
　　きのこれるから。
　⑤ごみむし・はんみょう・おさむし
　　〈順不同〉
　⑥くちった 木の 中の すきま。

クイズ　③

アドバイス

■ ③隠れる前に集まる「日あたりの よい
　石がき」や「木の みき」を答えないよう
　に 注意させましょう。
　　④理由を示す「〜から」を手がかりに 探
　させましょう。
　　⑤⑥24ページ二〜四段落目の内容を正確に
　読み取らせましょう。

■ ①火じの はしょ・火を けす
　②イ
　③大きく ひらく
　④ア2　イ3　ウ1
　⑤れいゆきを とりのぞく こと。
　⑥⑦まず　①そして

クイズ　①

アドバイス

■ ④物事を順番に説明している、「Aすると
　Bして、Cする。」という形の文に着目させ
　ましょう。
　　⑥最初にすることを示す場合は「まず」、
　続けてすることを示す場合は「そして」や
　「次に」などの言葉が文の初めにくることを
　理解させましょう。

■ 右段上部

理解して、その段落をしめています。「〜」には、その段落で始まる段落の役わりがありますといめる役わりがある段落には、「〜」に

⑤30ページ・一二三段落目です。

④29ページ四・三段落目で、「〜」には後の内容を捉えているので、前の内容を読み取り、その理由を読み取れている段落を捉えましょう。

②前の——③

■

(一)ウ
②耳・音
③むすべ・ため
④すればいいか
⑤れる・たまる

■

■ 13 よみのとりかた ③
29〜30ページ

三つ目の段落に着目しましょう。「〜」は、止まるためとしての前の内容を説明しているので、止まるという理由を読み取れているでしょう。

④鼻血を使った言葉を次にまとめています。最後の「〜」が、説明する答えを聞かれているので、順番を「〜」「ため」「〜」「して」「〜」に、文末を「〜」「まで」「すで」「初め」「から」「なので」

①ア
②ウ
③れる
④そ・れます

■

■ 12 よみのとりかた ②
27〜28ページ

(一)⑦音が
②れいかのかたへいく人がいるへ

①ア
②ウ
③そ
④すれます。

■

■ 左段

ある人の言葉が、何の言葉に着目しているか。⑥人間以外のものへうえたものへ、登場人物になる場合、

④——⑤

①時間帯がわかる部分を読み取らせましょう。

②(ぶん)
③イ(おし)
④れい
⑤ウ
⑥(じぶん)のこえ、じぶんで。

■

■ 15 よみのとりかた ④
33〜34ページ

(一)どのような言葉がありますか。

「〜」という言葉を示す「〜」に着目しましょう。⑥理由を「〜」の形に着目しましょう。⑦最後から探しましょう。

①れい・ぶんべつ・こう
②うしまきゅう・ばいまで由きる
③あき
④りゆう・ぶん・ふへ・のへ
⑤れい
⑥れい
⑦いと

■

■ 14 かんぺきテスト ②
31〜32ページ

■ ①①かおるくん
　②(じぶんの) あたま・かんむり
　③れいきっちり のせた
　④ピエロ・かおるくん〈順不同〉
　⑤れいじょうずに ヨットを うごかした こと。
　⑥ぶてて・えんぴつたち

答え ①
アドバイス

■ ①前後の文や会話文のつながりから、誰が発言した言葉なのかを読み取らせましょう。
　②かおるくんは何に気がついて「ほんとだ。」と言ったのかを読み取らせましょう。
　③冠についての、かおるくんとピエロの行動を混同しないように注意させましょう。
　④「かおるくん」以外の登場人物を探させましょう。
　⑤ヨットが庭にぶつかりそうになったときの描写に着目させましょう。

■ ①①にんじん
　②あっちこっち・森の 木・ふやす
　③イ
　④れいおもちゃが 「ぎっぎっと やってきたから。
　⑤れいたくさん あつまった
　⑥ウ

答え ③
アドバイス

■ ②うさぎのおばさんに マックが 「どんぐりを あつめて、ふやすのです。」と言っていることに着目させましょう。
　④森の広場の様子が具体的に描かれた部分を探させましょう。
　⑥時間や場所の移り変わり、登場人物の増減などに着目して、場面の変化を捉えさせましょう。

■ ①①ウ
　②れいおぼえた ことを わすれて しまう こと。
　③れいおちらを ぬらす ため
　④ア3 イ1 ウ2
　⑤れい大すきな ぶたにくを かって かえった。
　⑥とりにく

答え ②
アドバイス

■ ①②「かっぱ、おちらが ぬれて いないと〜」で始まる段落に書かれていることを読み取らせましょう。
　③「ピチャピチャ」は、水が物に当たったときの音を表しています。
　⑤自分の好物を買って帰ったことを読み取らせましょう。

■ ①①やりたい
　②ドキドキ・まっか
　③イ
　④あれい手を あげよう
　　①れいつぎから 「ぎゃくに 手を あげた。
　⑤れいかなしく なった。

答え ①
アドバイス

■ ②手を挙げようとしたとき、ゆうきの胸と顔がどうなったのかを捉えさせましょう。
　③「こんどは もっと なるんだ。」や「こころに きめて いた」から、ゆうきの強い決意を読み取らせましょう。
　④あ「右手が ズボンの わきから はなれない」は、右手を挙げることができなかったという意味です。
　⑤自分のやりたかったことができなかったときに、どんな気持ちになるかを想像しながら読み取らせましょう。

⑤逆に入っていたので、カえるが沼のほうへと帰っていったという様子が読み取れます。

④「」の言葉が接続語であることと、異なるカえるの言葉をていねいに取りちがえないように着目します。

アドバイス

クイズ ③

■ ①あい
② イ
③ ほっ・ちゃっ
④ おい・あい〈同順〉
⑤ れい ……
⑥ イ

①文に着目しましょう。

⑥文章の最後にあることに着目しましょう。

⑤「〜たいため」という帰り道の原因を説明した文章をさがしましょう。

③「」の文に着目しましょう。

アドバイス

クイズ ①

■ ①ぴょん・あ……
② イ
③ カ
④ れい ……
⑤ れい ……
⑥ イ

「〜ちゃん。」と書いてしまいました。
⑥……「〜さん」「〜ちゃん」と声を掛けられました。
⑤着目して、「〜さん」と書けるようになりました。
④「魔女」とは、不平や不満をもつ……な言葉です。
②「ぶ」は、不平や不満を表す言葉で……

アドバイス

クイズ ②

■ ①町
② イ
③ れい ……
④ れい ……
⑤ ウ
⑥ れい ……

⑤ゆえているという捉え……言葉を混同しないように注意しましょう。

④「川」という言葉に着目しましょう。

②ゆえている様子を見た……先生は「……けど？」と先生は……

アドバイス

クイズ ②

■ ①ぴょんぴょん
② ウ
③ れい ……
④ れい ……
⑤ 金あみ
⑥ ねこ・目を……

■①ア2 イ3 ウ一
②えいよう たっぷり・大すき
③くわえて・はこんで
④れい 見つかって たべられて しまう ことが あるから。
⑤あんぜん

とくてん ①

アドバイス
■②51ページ四段落目の最後の「どうして〜たべるのでしょうか」という問いかけの一文に着目して、それより後の部分から、答えにあたる内容を読み取らせましょう。
③52ページの「カラスが」で始まる段落を読み取らせましょう。
④最後の一文に「それで、ドングリをあんぜんな ばしょに はこんで たべる」という表現があることに着目せ、前の部分から理由を捉えさせましょう。

■①イ
②ひからびたり・われたり
③れい わすれて しまった
④ア2 イ4 ウ一 エ3

とくてん ③

アドバイス
■②「おちた ドングリは どう なったで しょうか」という問いかけの文に着目させて、その後から答えにあたる内容を探させましょう。
③「と いう わけです」という文は、前の文を言い換える表現です。これより前の部分から、具体的な内容を捉えさせましょう。
④「まえ」「そして」「やがて」など順序を示す言葉に気をつけて、ドングリの成長の過程を正確に読み取らせましょう。

■①小石・ほみ
②れい おなじ いろと もよう（を して いる）。
③れい （たべと）する を はなれる。
④れい きつねを すから とおざける ため。
⑤じゅうぶん・はなれた

とくてん ②

アドバイス
■①②55ページ二段落目の一文目がちどりの巣の様子、二文目が卵やひなの様子を説明していることに注意させましょう。
④56ページの最初の段落に「〜ために きずついた まねを したまま にげはじめます」とあることに着目させましょう。
⑤きつねがどうなれば、こちどりの親はひなが安全だと思えるのか、考えさせましょう。

■①からだの ちょうし・わかる
②ア3 イ2 ウ一
③れい やさい・たべる
④れい いろや におい。
⑤れい くろっぽくて くさら うんち（に なる）。

アドバイス
■①「なぜなら〜から」が、前の文の理由を述べる表現であることを理解させましょう。
②選択肢の内容が、文章のどこに書かれているのかを見つけ出して、線を引いて確認させましょう。
③「からだの ちょうし」を説明している段落の「〜て ね」という一文に着目させましょう。
⑤野菜を食べているときとは、対照的なうんちになることを読み取らせましょう。

■ 29 よみとり② 61〜62ページ

■ ① ——線⑦の「い」が指すもの
は、前の部分の直前の「れ」
を指します。

② クイズ
アドバイス❶
前の部分の「あ。」は、ぶ
つかったことを不思議に思う
様子を表す言葉を選びましょ
う。「へ」は、不思議に思った
ことを踏まえて、どこをぶつ
かったのかを探しているのだ
と捉えられます。

① れい・かべにぶつかった
② ウ
③ カ
④ れい・にげだす
⑤ ア
⑥ れい・ぶつかった

■ 28 よみとり① 59〜60ページ

■ ① ア
② ひ・さ
③ おなかがすいた
④ 木
⑤ れい『おなかがすいた
おなかが、すいた』
⑥ れい（おかあさんに、お
めし』

② クイズ
アドバイス❶
とびはねたよろこびをおさ
えられず、てんてんと目をか
がやかせていた様子が書かれ
ています。

■ 31 よみとり④ 65〜66ページ

■ ① (さからわ)ない
② ウ
③ ちょう・ひなた
④ れい・はながにおいをか
いだ
⑤ そうだん
⑥ (木の)みきにあなをあけ
ていった

② クイズ
アドバイス❶
② 理解を動かす「れ」のほ
うが、風に乗る様子を表す言
葉を選びます。
③ 花のにおいをかぐという
動作を表す言葉を選びましょ
う。
⑥ 最後の段落からなぜ決定
したのかを読み取り、相談し
て決めた動作を表す言葉を選
びましょう。

■ 30 よみとり③ 63〜64ページ

■ ① めしつての
② 青いばらのつぼみ
③ れい・川のそばの空き
④ れい・ずいぶん高い
⑤ れい・なかなか見つから
ない
⑥ れい・学校からかえると

② クイズ
アドバイス❶
① 「れ」が言う直前のかぎ
「 」に注目しましょう。
③ 「へ」より以外のものが
見えることから読み取ります。
⑤ 「へ」より直後のカッコ
「 」の言葉に見えたのだと見
られます。
⑥ 部分は「へ」だが、その後
の行動を読み取ります。

■ ㊀イ

②おまつり

③よるの 虫・なかに して くれない

④れ 大きな ぼたんゆきのように とびまわって あそんだ。

⑤ウ

⑥まるで 小さい ちょうちんが 木に いっぱい ともれたような ぐあいでした。

クイズ ②

アドバイス

■ ③しじみちょうに 誘われたほたるの返事に着目させましょう。

④お祭りの様子から、ちょうちょうたちがどのように遊んでいたのかを捉えさせましょう。

⑤失望したときや不安なとき、緊張しているときなどに、ため息をつきます。この場合はどれになるのか、直前のちょうちょうたちの言葉に着目して選ばせましょう。

■ ㊀白い・かわらしい

②ウ

③かわいい 手だな

④イ

⑤ふしぎそうな

⑥れ みちこちゃんは いい子だな

アドバイス

■ ②みちこちゃんと赤ちゃんのしたことを混同しないように注意して選ばせましょう。

③「〜と おもいました」という表現に着目させましょう。

④みちこちゃんは「あんまり かわいかったので、いっかえって きたのよ。」とお母さんに言っています。

⑥みちこちゃんが胸のあたりをかいた後に書いてある、お母さんの思いを読み取らせましょう。

■ ㊀ほ・まっか

②イ

③まじょは クスノキの 下に ぺたりと すわりこんで しまいました。

④ウ

⑤れ はずかしい

⑥れ くちに 『ゆうき』と かいて ある のを ちらっと 見て

アドバイス

■ ㊀魔女に「おばあちゃん だいじょうぶ?」と聞いた男の子の様子を読み取らせましょう。

②男の子に顔をのぞきこまれたときの魔女の態度から、気持ちを読み取らせましょう。

④「ゆうくんは、いい子だねぇ……。」という魔女の言葉に着目させましょう。

⑥魔女が魔法を使って男の子の名前を知ったのではないことを、最後の段落から捉えさせましょう。

■ ㊀きもち・ヨーヨーつり

②イ

③どきどきしながら

④ゴムの わ

⑤きょうは がっかりで なみだが 出そうに なりました。

⑥おにいさん・(赤い) ヨーヨー

⑦れ らい年の なつまつりでも ヨーヨーつりが したい

アドバイス

■ ⑤紙のひもが切れた＝ヨーヨーを落としたということを踏まえて、探させましょう。

⑥——線①の前の部分に着目させましょう。

⑦やさしいお兄さんのおかげできょうこはヨーヨーつりが好きになったことを捉えさせましょう。

しょう。

意見を述べた文に着目して、「たしかに」や「たとえば」などの言葉に注意して読み取りましょう。

④設問文に着目して、③ページと三段落目の関係を説明しているものを読み取ります。「成績との関係を説明している」というのは、⑦ページにあてはまりません。

⑥かい
⑤ア
　イ
　ウ
　　1
　　2
④れい
③れい　気もちが
②イ
①う・た

37 まとめテスト④　77〜78ページ

⑥が続いているのを捉えましょう。

⑤前後の文がどんな関係になっているか、「その」の内容を受けているのか、読み取りましょう。

③「つまり」は、前にのべたことをまとめるときに使います。ウの「それで」は、アの内容を理解するために着目しましょう。

②高い建物の火事を消すために結びつく道具を読み取り、必要なものを選びましょう。

⑥れい
⑤ウ
④れい　けんとう・ちょうせん
③れい　事が（て）おこなわれる
②ア
①たから・たからもの・たね・たけ

36 まとめテスト③　75〜76ページ

⑥文章全体の主題を読み取りましょう。

⑤最後の段落と合わせて、正しい選択肢の順番を読み取りましょう。